天喜文化

从书音到文学，分享人生阅读

40堂生死课

胡宜安 / 著

天地出版社 | TIANDI PRESS

图书在版编目（CIP）数据

40堂生死课 / 胡宜安著. -- 成都：天地出版社，
2025. 10. -- ISBN 978-7-5455-4651-4

Ⅰ. B821-49

中国国家版本馆CIP数据核字第2025RB8330号

40 TANG SHENGSIKE

40堂生死课

出 品 人	陈小雨　杨　政
作　　者	胡宜安
责任编辑	郭　明
责任校对	马志侠
封面设计	介　桑
责任印制	王学锋

出版发行　天地出版社
　　　　　（成都市锦江区三色路238号　邮政编码：610023）
　　　　　（北京市方庄芳群园3区3号　邮政编码：100078）
网　　址　http://www.tiandiph.com
电子邮箱　tianditg@163.com
经　　销　新华文轩出版传媒股份有限公司

印　　刷　北京文昌阁彩色印刷有限责任公司
版　　次　2025年10月第1版
印　　次　2025年10月第1次印刷
开　　本　880mm×1230mm　1/32
印　　张　9.25
字　　数　184千字
定　　价　58.00元
书　　号　ISBN 978-7-5455-4651-4

咨询电话：（028）86361282（总编室）
购书热线：（010）67693207（营销中心）

如有印装错误，请与本社联系调换

目 录

第二部分　老 /75

序

我们谈论的不是生死，而是生命

我们该如何面对生老病死？面向大学校园外的社会大众谈论生死话题，这是一件很有意义的事情。2000年，我在广州大学开设了生死学课程。这门课程一直很受欢迎，非常火爆，很多学生连续三年都没选上，有学生表示宁可不要学分也愿意来旁听。该课程对学生产生了深刻的影响。比如，有一个学生，在外地高中学习期间，爷爷因病去世，她完全接受不了爷爷去世的事实，在两年多时间里，她屏蔽了所有与爷爷去世相关的信息。直到上了大学，选修生死学后，她才逐渐接受爷爷离去的事实。她说，生死学为她解开了心结，她假期到爷爷的坟前去祭拜，告诉他："爷爷，我已经考上大学了，我没有辜负您的期望。"

如何面对死亡是每个人都无法回避的重要课题，这需要正确的教育与引导。经过课程学习，学生们不仅学会了珍惜拥有的一切，尤其是家人、亲友，还将生死学知识内化于心，并迁移到生活中的方方面面。一项调查显示，65%的学生在修完课程后，愿意主动与父母谈论生死话题。这表明，生死学的影响正在从课堂向社会延伸，推动生死教育走向更广阔的领域。

我的课堂也吸引了社会各界的关注。曾有一位佛山的老板，每周三晚上都会开车来广州大学听我的课。整整一个学期，他风雨无阻，一次课也没落下。他表示，他来听课的目的就是了解一些与生死相关的知识，更深入地理解生命与死亡的意义。2016年秋季，生死学MOOC课程在深圳大学的"优课联盟"、清华大学的"学堂在线"，以及"爱课程""学习强国"等多个平台上线，吸引了大量的社会学习者。生死学从此走出校园，进入公众视野，成为更多人探讨生命意义的重要工具。

对我而言，讲课的过程也是一个自我疗愈与提升的过程。我曾有过两次直面死亡的经历，这让我更加深刻地意识到生死教育的重要性。

第一次在童年时期。那时，我看到村里人送葬，在棺材被放进墓坑并覆土的那一瞬间，我突然感到一种深深的恐惧：在那一瞬间我才真切地意识到，躺在棺材里的那个人永远也出不来了。那种恐惧在此后很长一段时间里时常浮现，令我难以释怀。我后来想，如果那时候我能将自己的感受向家里人表达出来，如果家里有人给予我必要的疏导，我就不会困扰那么长时间。有我这样类似经历和体验的人恐怕还有很多，这是一种非常需要关注的现象。

第二次是在2007年"五一"黄金周的最后一天。那天，我开车去大学城确认完加工资的个人信息，回到家后又骑自行车去附近的电脑城维修电脑。结果在回家的路上发生了车祸。那一天的经历让我深刻体会到生命的无常——生死，往往只在一瞬间。从那以后，我对世间名利得失看得更淡，也更加明白：世上没有什么比生命更重要！

这些年的教学与思考，不仅让我不断地开解自己，也影响了我的家人。如今，我的家人都能够坦然面对生死话题，不再忌讳。这是一个良好的开端，正如古人所倡导的：觉己者觉人。结合自身经历，我深切体会到这门课程向社会大众开放的必要性。

经过长期的观察，我发现有两种现象非常普遍。

第一种现象是，人们忌讳谈死亡。许多人认为死亡是负面的、不吉利的事情，难以平和、坦然地面对。即便谈死亡，也往往将其与生命割裂开来。人们接受死亡的必然，但坚定地认为"生就是生，死就是死"，两者就是绝对对立的。这种割裂的认知导致了许多困惑，也影响了人们对生命的态度。

第二种现象是，对生命意义的虚无感颇为普遍。这是一种矛盾的精神状况：人们一方面因意义缺失而痛苦和焦虑，另一方面又大谈"躺平""摆烂"与"佛系"。他们痛苦，说明他们本能地在寻找生命的意义，却不愿意积极地行动，任由时间流逝。这种消极态度与内心焦虑形成了恶性循环：越是"佛系"，内心的焦虑就越深。究其原因，很大程度上是因为他们没有意识到生命的有限性——生命终将走向死亡，因此更应该珍惜当下。否则，他们就绝不会躺平而消极无为了。如果能充分理解生命的本质就是生与死的内在统一，我们就会更加珍惜生命，以积极的态度面对生活，让生命之花得到充分绽放，这样才无悔于今生！

"生老病死"是一个约定俗成的成语，它概括了生命的全貌与内在结构。生、老、病、死不仅是人生的四件大事，更是紧密联系的整体。在"生死"之间加入"老"与"病"，实际上是为生与死架起一座过渡的桥梁。

"老"既有生的延续，也有死的临近。它代表着生命自然流程中走向死亡的最后阶段。它既是一种时间态，我们称为"晚年"；也是一种存在态，我们称为"老态"。每个人都会步入老年，这是生命的必然。

"病"则反映了生命的脆弱与无常。疾病本质上是死亡偶然性的一种常见表现形式，死于疾病被认为是"正常死亡"。

因此，"生老病死"准确地概括了生命的全貌与内在逻辑，是一门值得深入学习的课程。

我们无不希望岁月静好，生命无恙。然而，宇宙间唯一的法则就是无常——一切都在变化，一切都不可预测。唯有在心底建立起对生老病死的理性认知，我们才能在面对生命的悲怆与苦难时，保持内心的平静与坦然，真正做到生死两安。这才是"岁月静好"的真谛。

我写作这本书的目的，正是为大家提供一个重新认识生老病死的窗口，帮助大家学会以正确的态度和方法面对生命的挑战。生死教育不仅关乎个体对生命的理解，更关乎整个社会对生命的关怀与责任。希望这门课程能让更多的人学会珍惜生命，关爱他人，活出更加充实而有意义的人生。

第
一
部
分

生

　　著名的新儒家代表人物唐君毅先生曾说过："人只在
生命存在之际，不能真正了解生命之意义。只有自觉地走
到生命的边缘，而在生死之际挣扎，了解死生之际的人，
才能真正了解生命的意义；犹如只有走到海边的人，才
能真正了解大地。"仅仅从"生"的角度谈论生命，就如
同"不识庐山真面目，只缘身在此山中"。我们不妨跳出
生命的局限，站在"生"的对立面，以"死"观"生"，
或许能更清晰地看到生命的真相与意义。

第1讲

生命的意义：在生活本身中寻找领悟

你是否曾有过这样的感受？每天忙忙碌碌，为了升职加薪、为了生活，但某一天突然感到困惑："我这么忙，究竟是为了什么？"那一刻，一种空虚感就会突然袭来，挥之不去。其实，产生这种空虚感的根本原因，就是我们尚未真正理解生命的意义。

"生命的意义"这个话题包含两个核心问题：第一，为什么说生命有意义？第二，生命的意义是什么？

我们先来讨论第一个问题：为什么说生命有意义？

在回答这个问题之前，我们首先要明白一个常识——任何事物的存在都是有限的，而有限性正是意义的来源。无论是土地、水、矿产等自然资源，还是人力、技术等社会资源，都是有限的。那些能够满足我们基本需要的物品其实都是有限的，那些我们所热爱、喜欢、追求甚至梦寐以求的美好事物更是有限的。而且越是有限、越是难以得到的东西，越是有人去努力追求。人与人之间的竞争与合作就是基于这种资源的有限性而展开的。正是因为我们意识到了事物存在的有限性，事物存在的意义才得以呈现。而意识不到这种有限性的时候，我们也就无从寻找事物的意义。

值得注意的是，事物的有限性是在人眼里的有限性，也就是说，只有人才能意识到这种有限性，这正是人了不起并超越其有限性的地方；而有限事物的意义也是对于人而言的意义，这也正是人的价值主体性的根本所在。

正是人意识到了事物存在的有限性，才产生出善待与敬畏万物的态度，这已经成为我们看待世界万物的思维方式与习惯，成为当下我们应对人类生存危机的生态伦理基础。源于中国古代的"天人合一"思想在现代被赋予了新的时代内涵。

在所有有限事物中，生命是最根本的有限存在。

基于对生命有限性的认知，我们才确立了自己的行为方式与价值取向，并以此来规划人生。即便是日常行为，人们也会为自己设定限制、制定规则，为自己的行动赋予意义。比如，制订职业规划，安排每天的行程，不断提醒自己要按时完成任务，努力让每一天过得充实，等等。

我们陷入了琐碎的日常事务中，时常觉得"精力有限""时间不够""落下太多的事情"，或者被情绪左右，产生某种无助感，甚至沮丧感。很多时候，我们感受到了某种外在事物的有限性，但并未意识到自己生命的有限性。

直到某一天死亡突然逼近时，我们才会深感时间的紧迫，从而产生对死亡的深深焦虑与畏惧，也开始反思生命的意义。正如鲁迅先生在他40岁生日那天撕下日历时，突然意识到时间的紧迫，产生了"得赶紧做"的念头。显然，对生命有限性的认识本质上离不开对死亡的认识，可是，死亡又恰恰是我们最不愿意面对的。

互联网上有一个引人深思的问题："如果死亡不存在，那生命的意义是什么？"有2000多万网友参与了讨论。试想一下：如果死亡不存在，这个世界会变成什么样呢？花开花落、月圆月缺还会引起我们情感上的共鸣吗？错过机会、错过美景，我们还会感到遗憾吗？那种短暂而美好的时刻，还会引起我们内心深处的喜悦吗？似乎都不会了。亲人和朋友将永远陪伴我们，父母永远年轻，我们也不必珍惜当下的一切。

然而，这样的世界将毫无情感与生机，我们既没有爱，也没有恨，没有对任何人的依恋与关爱，更不会有感天动地的爱情故事。我们将拥有无限的时间，做任何事情都不必去做计划，不必考虑时间成本，因为无论怎么做都可以重新来过，这也就意味着我们可以得到任何我们想要的东西，我们也不用经历死亡。

事实上，没有死亡的生命是不存在的。我们都面临着一堵高墙，这就是死亡。正是因为死亡的存在，一切都会有终点，一切都会受限。可以说，正是因为有了死亡，人类的生命才有了意义。因为死亡，有限的存在才变得有价值。

如此看来，事物的意义来自事物存在的有限性。基于这个前提，生命的意义来自生命的有限性。而生命的有限性在本质上在于死亡，也就是说，死亡赋予了生命意义。

因为生命会死亡，所以生命是有意义的。

接下来，我们来讨论第二个问题：生命的意义是什么？

我们在生活中会遇到很多具体的问题，比如："我要做什么？""我该怎么做？""如果失败了怎么办？"……这些问题可以称为"形而下"的问题。"生命的意义是什么"则是一个根本性的问题，属于"形而上"的范畴。但它又与这些具体问题的关系十分紧密，甚至能够直接或间接地为我们解决这些具体问题提供依据或动力。

对我们而言，最重要的是行动本身，而不是纠结于具体要做什么，甚至因纠结而浪费很多时间。比如，当我们经历过多次失败，或许就会问问自己："坚持下去还有意义吗？"

其实，不论成功还是失败，生命都有其存在的意义。

事物的意义是向人呈现的，而生命的意义却是自我呈现的。没有谁给予你生命的意义，也没有谁能决定你生命的意义。在这个世界上，只有我们自己能决定自己生命的意义。

奥地利心理学家弗兰克尔告诉我们，生命的意义在每个人、每一天、每一刻都是不同的，所以重要的不是生命意义的普遍性，而是在特定时刻每个人特殊的生命意义。每个人都有自己的特别故事，每个时刻都有特殊的情感，这些组合在一起构成了我们每个人生命的意义。

其实，生命存在的意义，并非取决于其使用价值或"有用性"。那些默默存在于这个世界的人，尽管谈不上做出了什么贡献，但从"大我"的角度来看，他们自然有他们存在的意义。

在探讨生命的意义时，我们需要避免以下两个常见的误区。

第一个误区是过于注重结果。我们常常用结果来衡量生命的意义。我们会非常在意自己的行为是否有结果，这个结果能产生多大的影响。还会将自己与别人比，与自己的过去比，产生诸如"我一事无成，活着真没意思！""我怎么也比不上人家，真是没用！"这样的想法。这些想法不可避免地会动摇我们对生命意义的信念。我们倾向于强调"屡战屡败"的痛苦，而忽视从"屡败屡战"中获得生命意义的信念。然而，生命的意义并不在于结果，而在于过程。每一次努力、每一次坚持，都是生命意义的体现。

第二个误区是强调外在依据。我们习惯于用外在的等价物来证明生命的意义，比如财富、地位。似乎生命的意义就是通过这个等价物来体现的，没有这个等价物，就没法解释生命的意义。比如，一个老人失去了劳动能力，他认为自己成了家庭的负担，生命失去了意义。实际上，这个老人虽然不能再为家庭创造财富了，但他的生命依然有意义，因为他曾为家庭、为社会付出过。又比如，有些人生活非常艰难，他们所有的付出只能维持自己的生存，所以有人会认为他们的生命没有意义。实际上，生命的意义在于生命本身，并不依赖于外部的认可。

没有认识到这两个误区的存在，恰恰是大多数人对生命的意义产生困惑的原因。

那么，生命的意义究竟是什么？

美国历史学家、哲学家威尔·杜兰特曾经就"生命的意义是什么？"这一问题，向世界各地的名人征集答案，然后把他们的答案整理出来，又补充一些自己的思考，形成了《论生命的意义》一书。通过他的研究，我们可以从多个角度来探讨生命的意义。

首先，生命的意义在于创造价值。无论是通过工作，还是通过关爱他人，我们都在为世界贡献自己的力量。美国评论家门肯认为，生命的意义就是他的人生获得了什么满足感，以及他为什么要不断地工作。门肯将工作比作母鸡下蛋，认为每个有生命的东西，都有一种虽然说不清楚，却强有力的内在冲动，去积极地履行某种职责。

古希腊人将劳动视为生命的意义所在，认为它是神圣而吉祥的。在他们看来，聪明人的劳动是无可指责的，因为劳动不仅赋予人存在感与意义感，还让人避免犯错。劳动是生命意义的源泉。

我们不妨想象：一个农村老人，他一生都在劳动，即使年迈，也会干一些轻活。对他来说，劳动是生命的第一需要，他活着的意义就在于劳动。一旦他无法劳动，生命的意义似乎也随之消失。这种"生劳死息"的观念，正是儒家生死观的体现。

其次，生命的意义在于经历与体验。生命就像一趟没有返程的旅行。我们空手而来，空手而去，唯一留下的是经历与体验。所谓"生者为过客，死者为归人"，我们拥有的一切，都如同某样东西寄存在我们这里，总有一天要归还。我们与父母、与配偶、与孩子，早晚都有告别的一天。所以，整个生命都是一场经历和体验而已，我们不会真正拥有任何东西，一切都是暂时借给我们的，当它们在我们手上的时候，好好珍惜、好好享受就够了，活在当下就不会为未来留下遗憾，拥有过、体验过、真心活过，才能让生命更加充实。

生命本身并没有固定的意义，它就是一次次的经历、感受、领悟和体验。努力的意义在于丰富我们的生命体验，让这趟单程旅行更加精彩、深刻和难忘。

再次，生命的意义在于活着本身。生命最根本的意义就是活着。余华的小说《活着》正是对这一点的深刻诠释。四川女孩宋静患白血病，在历经9次化疗后萌生了放弃的念头。但在她读完《活着》后，产生了共鸣，找到了活下去的勇气，决意继续治疗。余华鼓励宋静："活着是生命对你的要求，不是你对你自己的要求。生命要求你活下去，要求你承担这样的责任。人是为了活着而活着的，不是为活着之外的任何事物而活着。"

余华的朋友史铁生，21岁瘫痪，47岁患上尿毒症，与死神搏斗近40年。他生前留下的文字温暖无数人，死后其所有可用器官都捐赠给了他人。他以自身的经历向人们证明：活下来，不向命运屈服，在抗争中赢得属于自己的生命尊严，最终获得心灵的平静。

史铁生曾在书中写道：

"人死了，就变成一个星星。"

"干吗变成星星呀？"

"给走夜道儿的人照个亮儿……"

最后，生命的意义更多时候在于理解与领会。威尔·杜兰特曾请一个被判处无期徒刑的犯人回答有关生命意义的问题。这个犯人回答说："我的生命意义取决于我自己发现生命真相的能力。在教训中学习，因教训而受益。"杜兰特指出，一些人之所以选择自杀，是因为他们没有发现生命的意义，而不是生命本身没有意义。

生命的意义内在地存在于生命本身，我们需要去发现它。正如法国哲学家笛卡儿所说："我思，故我在。"当我们询问生命的意义时，生命的意义就已经在思考的过程中得到了呈现。

由此可见，生命的意义并不需要外求，它在于生命本身。无论是创造价值、体验生活，还是活着本身，都是生命意义的体现。生命的意义不在于它有多长，而在于它有多深。

第2讲

生命的本质：生命的哲学就是练习死亡

在前面的讨论中，我们明确了死亡赋予生命以意义，而生命的意义只能从生命本身去寻找。死亡并非生命的外在规定性，而是其内在属性。因此，对生命意义的思考自然转向了对生命本质的探讨。

生命的本质是什么？这个问题看似抽象，却与每个人息息相关。这是因为，探讨生命的本质，就是在讨论生死问题——这是每个人都无法逃避的课题。生死就像一枚硬币的两面，共同构成了我们作为人的存在方式。只有正视生死，我们才能找到生命的真相，理解活着的意义。

要理解生命的本质，我们需要明确两个基本观念：一，既知生，也知死，只有全面理解生与死，才能把握生命的本质；二，死亡并非生命的对立面，而是生命的内在属性。

生死问题既是一个永恒的问题，也是一个常变常新的问题。

生死问题的永恒性体现在生命和死亡总是相伴相生，正是生生死死，才让自然界和人类社会充满生机。然而，人类对死亡的恐惧和焦虑也始终存在。

有一个古老的寓言故事生动地展现了这一点：

有一天，国王的爱将匆忙赶来，要借一匹快马。国王问他怎么了，爱将说他在半路上遇到了死神，要赶紧跑到遥远的撒马尔罕去躲避。爱将说完就上马走了。国王叫来死神，责备它吓坏了自己的爱将。死神解释说："我并没有吓唬他，我也正准备去撒马尔罕呢！"

爱将试图逃避死神，却不知死神早已在目的地等待。这个寓言故事揭示了人类对死亡的抗拒与无法摆脱死亡的荒谬处境。

为了缓解这种焦虑，人类一直都在思考。人类发展出许多学科，比如哲学、宗教和神学。古希腊哲学家柏拉图说过："哲学就是练习死亡。"

生死问题的常变常新性体现在生死极具个体亲历性与不可替代性。每个人的生死经历与体验都是独特的，永远不会重复，每个人都是自己生命的唯一主角。

如何面对亲人临终？如何应对悲伤？如何处理自己的死亡？这些都是每个人必须面对的人生课题。我们无法摆脱文化传统和价值观念的影响，但可以通过学习与思考，增强对生死的理解。认识生死，学会如何面对生死，是每个人一生的必修课。

我们回到生命的本质的话题。

关于生命的本质，最常见的解释就是新陈代谢。无论是生物学还是哲学，对生命本质的描述都离不开生与死这两个基本要素。可以说，离开了生和死，生命的本质就无法被完整解释。

然而，长期以来，我们对生命本质的认识存在片面性：谈生时避谈死，谈死时避谈生。这种割裂的认知导致我们在面对生死时陷入困境。

从社会层面来看，主流思想倾向于只谈论生，对死亡则避而不谈。鲁迅先生曾在文章中举例说，一家人正在办婴儿百日宴，一个人去赴宴时对主人说"这孩子将来是要死的"，结果得到一顿痛打。

从个体层面来看，我们往往乐生悲死。一方面，对生活的热爱无可厚非，而对死亡的恐惧却让我们在面对死亡时焦虑加剧，无法坦然接受，导致自己的死亡品质极低，这无疑是一种悲哀。另一方面，面临亲人或朋友的离世，我们乐生悲死的情绪会导致内心的自责，也可能加深逝者临终时的不安。这种乐生悲死的观念造成的结果就是我们既难以坦然面对生，也无法从容应对死，在面对生死时陷入了困境。

要摆脱这种困境，我们需要摒弃"未知生，焉知死"与"未知死，焉知生"的片面性，做到"生死互观"：谈生时，以死观生；谈死时，以生观死。

以死观生是向死而生的本质，它让我们对生命的认识更加深刻。这是我们的思想观念摆脱传统束缚，日益开放进化的体现。死亡的存在提醒我们珍惜当下，活出生命的价值。

以生观死的态度，能够帮助我们更从容地面对生命的终点。特别是在老龄化社会中，如何面对和处理死亡成为重要挑战，这时以生观死的态度显得尤为关键。

生命的本质是生死一体。死亡不仅存在于生的过程中，而且是生的必然结果。正如农作物的生长过程：从孕穗、抽穗、扬花授粉到成熟，最终停止生长、叶片枯黄，这才迎来丰收。

如果将人的生命比作农作物的生长，死亡则在某种程度上预示着新生命的开始——果实落入土壤里，第二年生根发芽，开启新的生命旅程。也就是说，正是有了死亡，才体现出生命是在成长、成熟的，从一个稚嫩的孩童，到不谙世事的少年，再到成熟的大人。

但很多人不这样理解，他们把死亡看作与生命的本质无关。

许多人把死亡理解为生命的一种外部因素。他们把死亡和具体的死亡事件混为一谈，将死亡看成是生命的对立面，是外部对生命施加影响导致的偶然事件。

在日常生活中，我们遇到的大多是关于死亡的具体事物，比如死亡时间、死亡地点、死亡原因等可以察觉的死亡事件。这些死亡事件似乎总是由某种外部的力量导致的，而且很多时候这些事件是可以避免的，比如天灾、人祸，或者因不良生活习惯导致的疾病等。

但实际上，这些死亡形式都只是死亡的偶然表现，是表面现象，是死亡必然性的体现。换句话说，不管是因为什么，每个人的生命最终都会走向死亡，这是一个不变的规律。我们对死亡的直观感受——僵硬、冰冷的尸体——只是死亡的表象，而非其本质。我们无法真正理解个体经历死亡的过程。因此，我们对死亡的感觉往往是负面的、厌恶的。我们对死亡的第一印象影响了我们对死亡的理解。

我们对死亡的认知和想象，大多来自书籍或影视剧的描述。毕竟只要我们还活着，就不可能有亲身经历死亡的体验，已经去世的人也不可能告诉我们死亡究竟是怎样的。

如果我们超越直观的感觉，从生命本质的角度去思考，或许我们会理解，死亡并不仅仅是终结，而可能有更深的生命内涵。

德国哲学家海德格尔曾说："在固执己见的人心目中，生只是生，死就是死。"基于对死亡的对立化、负面化的理解，我们自然而然地将生与死分开，因而也就难以坦然地面对与接受死亡。

实际上，生与死是相互联系、不可分割的，更是相互转化的。从生到死的转化是生命运动的必然规律。只有科学地理解这种生死规律，我们才能从容而坦然地面对死亡。而从死到生的转化则是一种精神信仰，这表明死亡并不是生命的终结，而是另一段生命旅程的开始。这种认知可以缓解"死将归于何处"的焦虑。

生死问题不仅是哲学的思考，更是每个人必须面对的现实。通过认识生死，我们可以摆脱对死亡的恐惧，以更坦然的态度面对生命的每一刻。生命的意义，正是在于我们如何度过每一天，如何在有限的时间里活出无限的价值。

第3讲

"我"是谁：直面死亡，才能诞生自我

人生最重要的莫过于看见自己。

人的生命本质上就是自我意识的存在。自我包括两个层面：个体性自我和过程性自我。前者关注"我是谁""我想做什么"以及"我能做什么"，后者则追问"我从哪里来""我要到哪里去"。认识自我，就是要从这两方面入手。

然而，在大多数人的认知中，"我"似乎只能通过外在的事物来定义——名字、家庭、财产、成就、失败，甚至追求的目标。人们往往认为，"我"仅仅由这些外在的东西构成。失去了它们，"我"似乎就什么都不是了。但显然，这并不是真实的"我"。

那么，真实的"我"究竟是什么呢？

在生死学的视角下，对自我的认识是建立在对"我必死"

的认知之上的。自我的发现，本质上是一场"我之死"的发现之旅。只有意识到"我之死"时，我们才能真正觉醒，并体会到生命的真谛。

古往今来，人类对"我是谁"这一问题的探索从未停止。古希腊的德尔斐神谕告诫人们："认识你自己。"这句话的源头可以追溯到更早的特拉普修道者的问候："记住，你将死去。"意思是，只有意识到自己终将面临死亡，才能真正了解自己。古罗马哲学家西塞罗进一步阐释："智者用其整个生命来准备死亡。"

古埃及人有一个独特的习俗：在宴会达到高潮时，他们会推来一辆车，上面放着一具尸体，摆放在大厅中央，让众人观看。这是在提醒人们："你终将死去！"这个习俗虽然现在看来有点极端，却揭示了生命的短暂与珍贵。它提醒人们，在死亡的昭示之下，尽情享受生命的快乐，同时创造生命的意义，因为一切都无法重来。

古罗马的艺术家们则在饮水的铜碗或室内镶嵌的画作上描绘骷髅，提醒人们要珍惜当下，享受当下的快乐。中国《古诗十九首》中写道："生年不满百，常怀千岁忧。昼短苦夜长，何不秉烛游！为乐当及时，何能待来兹？"这些诗句传递着这样的信息：一个人活在世上通常不满百岁，心中却总是记挂着千年后的忧愁，这是何苦呢？既然埋怨白天是如此短暂，黑夜是如此漫长，何不拿着烛火，日夜不停地欢乐游玩呢？人生应当及时行乐才对啊！何必等到来年呢？

从这些古今中外对"我是谁"这个问题的回答中，我们可以看到一个共性：认识自己的必死性，是思考"我是谁"的前提与基础。自我的发现之旅，本质上是一场"我的死"的发现之旅。

法国学者冉克雷维提出了"第三人称的死亡"这一概念，描述了人类对死亡的认知过程：从旁观他人的死，到感悟"你的死"，再到直面"我的死"。

当我们看到陌生人死的时候，大概率是不会参与其中的，他们的逝去和我们并没有什么关系。我们可能会因为好奇心强而被吸引到现场，或者在新闻中看到相关报道，但在潜意识中，我们常常把自己与死亡分开："人皆有死，张三是人，所以张三会死。"我们习惯于这种逻辑，但其实这是一种带有欺骗性的思维方式，因为它把我们自己排除在外了。当我们旁观陌生人的死亡时，往往觉得与自己无关。我们可能会参加各种告别仪式、瞻仰与祭祀活动，死亡变成了我们正在处理的日常事务。这种对象化处理之后，我们把他人的死亡当作一种客观事件，暂时摆脱了对死亡的恐惧。尽管每个人都注定要死，但我们似乎认为自己不会直接面对死亡，所以才采取这种对象化处理死亡的策略。这并不是自欺，而是可以理解的，我们对象化处理死亡只是为了不让自己的日常生活一直处于阴影之下。在冉克雷维看来，这种情况叫作"第三人称的死亡"，就是说，这是关于其他人的死亡，这种死亡缺少一种神秘感。

当死亡发生在朋友或亲人身上时，情况就完全不同了。这种情境就是上文中提到的"你的死"，也就是"第二人称的死亡"。朋友和亲人是我们亲近的人，从根本上说，他们就是"你"的一部分。亲人的死有点像是我们的死，但又不完全是，它也不同于社会上某个人的死，准确地说，它介于他人的死和我们自己的死之间。

在我们的生活中，死亡会发生在我们熟悉的、有联系的甚至深爱的人身上，说不定哪一天他们就会离开人世。试想，如果最爱的人逝去了，我们该怎么办？只有这时，我们才会深刻地意识到：我们深爱的人，其实是我们自身生命的一部分。因此，他们的死亡也意味着我们自己的某一部分消失了，这种消失猛烈地冲击着我们，让我们痛苦，也让我们感受到了生命的脆弱。亲人的死亡，让我们接近"你的死"，带来真正的觉醒与生命观的改变。

从他人的死亡，到亲人的死亡，最后我们终将直面自己的死亡，也就是"我的死"。这就是"第一人称的死亡"。这是一个简单的道理："每个人都会死，我是人，所以我也会死。"

死亡是关乎每个人的，无法逃避。"我的死"本质上即"自我意识之死"。看似是肉体死去，实际上自我意识也随之而去。我们常把自我意识看作人类智慧的最高境界。我们对自己的认识，也不断强化了我们对死亡的认知。死亡不仅是认识对象，而且左右着认识本身。通过思考死亡的意义，我们能做到的是，更好地认识自己的生命，从而更好地完善自我。所以说，死亡可以被看作思想的源泉。

说了这么多，最后，我们来说说开头的那个问题："我是谁？"基于"我的死"，个体才能获得真正的生命觉醒，所以答案也就很明显了，只有基于"我的死"，才能知道"我是谁"，才能认识自己。

人类对生命意义的理解、人生规划以及所有的创造活动，都建立在"第一人称的死亡"——即"我的死亡"——的深刻认知之上。

所有生物都会死亡，但人类能意识到死亡的不可避免性，因此感受到深切的痛苦。如果只是在死亡临近时有本能的直觉，就不会有那么多痛苦，更不会产生文化上的反思与应对。对死亡的自觉意识，正是人类自我意识的核心体现。

死亡是每个人生命中唯一且不可避免的事件，每个人只能死一次，这既是第一次，也是最后一次。这种唯一性使得死亡与个体的自我休戚相关。意识到"我会死"和"我的死"，是人类走向独立和成熟的重要标志。通过意识到"我的死"，我们才能理解"我"的唯一性和不可替代性，从而更深刻地认识自我。

正如《忏悔录》的作者奥古斯丁所言："只有面对死亡时，一个人的真正自我才能诞生。"这种对死亡的认知，不仅让我们意识到生命的有限性，也促使我们思考如何在这有限的时间里，赋予生命以意义和价值。

第4讲

出生：寻找心灵的归属感

在上一讲中，我们从认识层面讨论了"我"的必死性和不可替代性，正是这种对死亡的深刻认识，使得我们成为个体生命的唯一主角。然而，这个主体的"我"从何而来？到底是谁把"我"带上这趟单程的生命之旅的？这一讲，我们将聚焦于"我从哪里来"这一根本问题，探讨"我"的生命起源与归属。

思考"我"从哪里来，首先要明确是谁给了"我"生命。

答案显而易见：父母。正如司马迁所说："父母者，人之本也。"从生物学角度来看，父母的精血结合成就了我们的身体，我们是种族生命延续的产物。然而，个体生命的诞生却极具偶然性。科学研究表明，每个人的出生都是父亲与母亲各自提供的23对染色体随机组合的结果，这种组合的概率极低，几乎不可能重复。天文学家曾用一个生动的比喻来描述生命的难得：一个生命的诞生，就如同一个射手在一万光年之外射中直径只有一厘米的靶心。此外，母亲十月怀胎的艰辛和分娩的痛苦，更是以生命为赌注的壮举。

不过，肉体生命只是"我"的一部分。从人文伦理角度看，父母不仅赋予了我们生命，还用他们的心血浇灌了我们的心灵。我们不仅是生物学意义上的生命延续，更是家族伦理与亲情的产物。从出生到成人，父母用无尽的关爱与付出，将我们从懵懂的生命体培养成具有独立人格、能够思考与体验的个体，其间的艰辛与曲折估计只有为人父母者才能体会。因此，个体生命的诞生是偶然的，但个体生命的后天成长却是必然的，这就是人类血亲之爱的必然结果。

我们常用"含辛茹苦"一词来描述养育之艰难。养育的过程不仅包括物质层面的供养，还包括精神层面的滋养。在一个人成长的过程中，付出最多心血的是他的父母。血缘无疑是生命的源泉，血脉亲情又汇聚成生生不息的生命绵延。亲情是父母对子女及其后代最久、最大、最真心的情感。

换个角度来看，家庭既是呵护生命的港湾，其实也是遮蔽死亡的圣地。在家里，父母护佑着子女。父母在的时候，我们永远是孩子，无论我们多大，都大不过父母。我们永远是年轻的，是小辈与晚辈。这样一种天然角色屏蔽了死亡，子女很少会想到，更不会直接接触到死亡。

诺贝尔文学奖获得者马尔克斯在其经典作品《百年孤独》中写道:"父母是隔在我们和死亡之间的帘子。"这句话深刻地揭示了父母在我们生命中的特殊意义。只要父母在世,我们就似乎与死亡隔着一段距离;当父母离世,我们便不得不直面死亡。在此之前,死亡对我们而言往往是很抽象的,因为亲戚、朋友、邻居,甚至隔代人的离世,虽然会带来悲伤,但那种冲击远远不如父母的离去来得直接和深刻。

尽管现代社会的家庭结构和亲子关系正在发生某种变化,但是父母与子女在时间轴上的关系却是永远存在的,学会感恩是每一个为人子女者最起码的责任。

父母是我们生命的起点,那我们的生命之根又在哪里?

现实中,许多人时常感到孤独,他们与家庭、父母的情感联系似乎很淡漠,这种孤独感的根源往往在于心灵归属感的缺失。其中的一个重要原因,便是他们没有意识到自己的生命之根在哪里。

其实,每个人都不是孤立存在的,每个人都是家族生命的延续。一旦我们意识到这一点,心灵便不会感到孤独。家族就像一棵巨大的生命树,根系发达,枝叶茂盛——它由无数的枝叶组成,同时又庇护着树上所有的枝叶。个体生命一旦诞生,便成为这棵生命树上的新枝叶。

从"我"出发,向上追溯,有父母、祖父母、曾祖、高祖、天祖、烈祖、太祖、远祖、鼻祖，这叫"上九代"；向下延伸，有子女、孙子女、曾孙、玄孙、来孙、晜孙、仍孙、云孙、耳孙，这叫"下九代"。这就是我们常说的"祖宗十八代"。每一代人都是家族生命树的一部分，承载着祖先的期望与家族的使命。

家族血脉是个体最原始、最基础、最重要的生命支柱。我们的祖先以勤俭持家、家族兴旺为神圣使命，这种家族生命的精神力量无疑是值得我们传承的。我们的祖先都已经故去，但是他们的生命扎根于大地，支撑着家族的生命之树。我们的生命凝聚了家族生命中无数先祖的生命延续期待，我们是他们子孙后代中的一员，他们是支撑我们心灵的支柱。个体生命是种族延续的结果，也是种族延续的重要环节。每一个个体生命的出生，都是家族生命之树永葆生机的体现，家族生命之树的根系发达、枝叶茂盛都离不开个体生命。我们出生后，自然成了生命树的一个新枝，我们生命中的一切无不跟这棵生命树息息相关，血肉相连。

试想一下，哪怕中间任何一个环节断了，都不可能有我们的出生。一念及此，我相信，无论谁都会心生一种神圣感与敬畏之情。

一旦意识到自己与家族的联系，我们就会找到心灵归属感，无论什么时候，它都是一种温暖的精神支柱，也是我们的精神动力。基于这种家族生命意识，我们也有一种内在的信仰，这种信仰能够消除我们死后将归于何处的紧张与焦虑。

因为，个体存在的价值不仅仅是肉体生命的延续，而且是一种精神生命的延续。在我们心灵深处的生命树就是归属之所。传统中国人强调"落叶归根"，就是要回到这棵生命树上。死亡不是断灭，而是回归到家族的生命之根。这种"生生不已"的精神，构成了中华文化的精髓，从而内在地建构起根深蒂固的家观念。家，不仅是个体的安身立命之所，更是心灵的归宿与精神的支柱。

通过探讨"我"的生命之源与生命之根，我们回答了"我从哪里来"这一根本问题——父母是我们的生命之源，家族是我们的生命之根。生命的价值不仅在于个体的存在，更在于它与家族、与历史的深刻联系。这种联系，让我们在有限的生命中，找到了无限的意义。

第5讲

成长：直面不断丧失的人生

在上一讲中，我们探讨了"我从哪里来"这一话题。然而，在生命的旅程中，我们还需要寻找另一个根本问题的答案："我要到哪里去？"对这个问题的解答包括两个方面：一是个体如何安身立命，即成长；二是个体生命如何获得延续，即生育。在这一讲中，我们将探讨"成长"这一主题。

谈到成长，我要强调两个基本观点：第一，我们正是通过不断地经历丧失才走向自我成长的；第二，成长的核心就在于学会如何面对生死。

"曾经沧海难为水，除却巫山不是云。"这句诗形象地描述了人成长的坎坷旅程。我们的成长之路充满荆棘、坎坷与曲折，但最艰难的并不是那些看得见的困难，而是内心深处那种挥之不去的生命虚无感。随着年龄的增长和经历的丰富，我们越发强烈地感受到这种生命虚无感的可怕。

20世纪90年代，有一群高中女生背着带奶嘴的水杯上学，这一行为一度成为时尚。心理学家分析认为，这是一种"回到妈妈的怀抱"的心理回归情结。当时，高考升学压力空前，学生们难免有几分畏惧与不安，甚至有人"不想长大"。商家为了迎合这种心理需求而推出了这类产品。这种用奶嘴满足心理需求的行为，折射出学生们成长过程中的艰辛与挑战，也反映了人们内心深处对安全感的渴望。

但话说回来，成长的本质就是面对各种挑战并与之抗争。美国著名的生死学先驱伊丽莎白·库伯勒-罗斯教授指出，很多人误以为死亡是一种威胁，其实不是这样的，实际上死亡是一种挑战。正视死亡的挑战是人类成长的基本前提和动力。英国历史学家汤因比也提出，人类文明的进步正是源于挑战与应战的过程。

成长实际上是一个不断丧失的过程。成功与快乐往往伴随着失落与悲伤。丧失挚爱或亲友肯定会给人带来沉重的打击，但生命中许多看似微小的转变也会引发深刻的丧失感，对此我们也不能忽视。这些丧失是生活的一部分，它们无处不在，不可避免，也不可抗拒。

美国学者朱迪斯·维奥斯特在《必要的丧失》一书中指出，我们通过丧失、离别和放弃来成长。从出生到死亡，我们失去的东西数不胜数。我们失去的可能是人、动植物，也可能是无生命的物品，甚至是那些无形却承载着我们情感的事物。

如果将这些丧失进行分类，大致可以分为以下三类。

第一类是成长性丧失。这类丧失是每个人生命历程中必然经历的，包括：婴儿出生后离开母体，来到陌生的世界；入学在一定程度上意味着我们与父母进一步分离；青春期的身体变化提醒我们童年已逝；毕业、就业、失业标志着我们在告别保护和培养我们的学习和工作环境；父母的离世，自己身体机能的衰退、老化、患病、退休，以及老朋友和伴侣的去世等，引导我们面对生命本身的有限性。

我们通常会经历两次"断奶"：第一次是生理上的断奶，第二次是心理上的断奶。对于哺乳动物来说，母乳是生命早期的生存依赖，但断奶是接触全新世界的前提。心理上的断奶则标志着精神生命的成熟。人类既比一般哺乳动物更具依赖性，也更具独立性，因此，心理上的断奶成为我们形成独立人格的关键。

第二类是创伤性丧失。与成长性丧失不同的是，创伤性丧失并不是每个人都会经历的，但它们带来的压力和创伤往往更为深刻。这种丧失一般来自突发且不可预测的事件，如自然灾害、人为灾难或者其他恶意事件等。创伤性丧失具有创伤性的特质，其影响程度会因人而异。

第三类是预期性丧失。这类丧失指尚未真正发生但存在于个体的预期范围内的丧失。预期性丧失会引发预期中的悲伤反应，这种情况常见于被诊断为患有终身疾病或无法治愈的疾病的患者及其家人。尽管死亡威胁尚未到来，但患者和家人已经了解到，随着疾病的恶化，患者将无法再像以前那样过正常、独立和自主的生活。

在成长过程中，死亡始终如影随形，以独特的方式塑造着个体的生命轨迹。因此，成长本质上是一场"向死而生"的旅程。死亡不仅是生命的终点，更是推动我们不断反思、成熟与超越的内在动力。

对儿童来说，死亡并不存在于他们的认知世界中。某个人的离世对他们而言只是暂时的消失，就像躲猫猫游戏中的短暂隐藏。他们没有死亡的概念，也无法理解生命的终结。然而，当某一天他们突然意识到死亡的不可逆性，童年的纯真便随之消逝。从某种意义上说，这一刻，他们的童年结束了，他们开始迈入对生命更深层次的思考。

少年时期是一个充满无尽幻想和理想主义的阶段。在懵懂的少年看来，时间似乎是循环的，死亡并非终点，而是可逆转的过程。他们对死亡的认知似乎模糊不清，甚至带有一种天真的乐观。这种对死亡的模糊认知，使得少年时期的生命充满了浪漫与无畏。

　　到了青年时期，人们开始充满激情和理想主义，时间被视为无限的未来，一切都充满希望。然而，青年时期也是死亡意识逐渐觉醒的时期，他们开始对死亡变得敏感起来。在现实生活中，他们开始面对生死问题，比如亲友的离世。他们不再像少年那样懵懂，而是开始理性地思考生死问题，但他们的生活经验可能还不足以应对这一挑战，因此生死问题往往给他们带来巨大的困惑和痛苦。死亡不再是一个遥远的概念，而是现实中的沉重课题。

　　中年是人生中生死问题最为集中的阶段，这一时期的个体往往需要同时照顾上一辈和下一辈，承担着家庭与社会的双重责任。与此同时，他们开始感受到自己身体机能的衰退，对于一些"英年早逝"的新闻也变得格外敏感。这些现实让他们开始深刻地思考自己的生命结局。可以说，中年是一个充满危机感的时期，也是个体对生死问题最为焦虑、反思最为深刻的阶段。

　　到了老年，生命进入了一个全新的阶段——成熟期。从无知的儿童到懵懂的少年，再到浪漫的青年，接着是充满危机的中年，最终到了生命的成熟阶段——老年。这是个体生命的完整成长之旅。老年时期，死亡不再是一个遥远的威胁，而是一个可以坦然面对的现实。通过一生的经历与反思，老年人往往能够以更加平和与智慧的态度看待生死，完成生命的最后超越。

死亡贯穿于生命的每一个阶段，以不同的方式影响着我们的成长。从儿童的无知到少年的模糊认知，再到青年的敏感与困惑，中年的深刻反思，直至老年的成熟与超越，死亡始终是推动我们成长的内在动力。正确面对死亡，不仅是对生命的尊重，也是对自我成长的深刻理解。正是在"向死而生"的旅程中，我们不断超越自我，赋予生命以意义与价值。

第6讲

生育：个体生命的延续

个体生命是一个"向死而生"的成长历程，但个体并非孤立地存在与运动，而是与家庭、种族生命的延续息息相关。个体因为融入家庭、种族生命，得以安身立命。那么，个体如何融入种族生命？答案就是生育。

生育是生命中神圣的自然本性。生育不仅丰富了个体的生命、延缓了对衰老与死亡的恐惧，更象征了生命在延续中的不朽。生育将个体的有限生命与种族的无限延续连接在一起，赋予生命以更深层次的意义。

大多数人的生命都只有几十年，对个人而言，这几十年或许不算短暂，但放在整个人类历史的长河中，却只是短暂的一瞬。不过，人类并没有因为个体的死亡而消亡，而是通过生育后代实现了生生不息。这说明个体和种族之间存在着一种内在的相互依存的关系：个体依赖种族延续生命，而种族则通过个体的生育得以永续。

在传统社会中，生育被视为个体最重要的使命，传宗接代是人生的核心目标。然而，在现代社会，生育的意义发生了显著变化。随着不婚、不育观念的兴起，生育权和生育自由成为人们热议的话题。现代科技和医学的发展，也使得生育对很多人来说变得似乎可有可无。

这些变化反映了从个体角度出发对生育的重新审视。然而，生育的意义远不止于此。我们需要从更广阔的种族视角来理解生育这件事。

从种族的角度看，生育是生命延续与壮大的自然本性。种族生命的延续依赖于一个个个体的生育行为，而个体则通过生育将种族的基因代代相传，每一个个体都携带着自己种族的遗传基因。这种生死交替的过程，构成了种族生命的延续。

在自然界，很多低等生物通过个体的死亡来完成繁殖。例如，北美鲑鱼在繁殖季节会克服重重困难，游到遥远的内陆河产卵，然后在水中分解，为下一代鱼苗的成长提供养料。这种牺牲与延续的方式，展现了生命最原始的力量。

当然，人类种族的生命肯定不同于低等生物。人类种族的生命延续既源于自然，又超越了自然。人类的生育行为不仅是为了基因的传递，还传承着丰富的文化内涵。因此，看待人的生育的意义，既要从个体的层面出发，也要从种族的层面去理解。

在个体层面上，生育的意义在于延续物种，丰富个体的生命体验；在种族的层面上，生育的意义则体现在贡献、牺牲、取舍以及服从等方面。生育将个体和种族的内在统一起来，成为连接两者的关键环节。

然而，生育并非个体与种族统一的唯一方式。种族的延续与壮大不仅依赖血脉繁衍，还通过文化传承和物质财富创造等方式来实现。任何个体都可以通过不同方式参与到物种生命的延续与壮大中。

当然，仅从种族延续的角度来强调生育的意义是不够的，甚至有些片面。实际上，生育后代不仅是个体为种族承担的责任，更是个体生命的内在需要。

如何理解"内在需要"呢？为什么说个体本身需要生育？

在之前的讲解中，我们提到父母是人之本，是我们的"生命之源"，但反过来也完全可以说子女是父母的"生命之流"。两个孤独的生命彼此相爱，然后结婚，本来没有联系的个体结合成为两人的共同体；当子女降生后，这个共同体扩展为三人，家庭关系也从两个人变成了两代人。这种关系的转变，标志着个体生命进入了人生的一个全新阶段——从为人子女变成为人父母。这是一种纵向的伸展，又是一种关系的转变，体现了生命河流的绵延不息。

如果说婚姻第一次重塑了个体生命，那么养育后代则是个体生命的第二次重塑。通过生育，个体不仅延续了种族生命，也实现了自我生命的升华与超越。

我们常说父母是孩子的一面镜子，其实孩子也是父母的一面镜子。通过孩子，父母能够更清晰地看到自己的问题，据此不断地调整和完善自己。此外，在陪伴孩子的过程中，父母得以从孩子的视角去重新认识世界，重新唤起对知识的好奇和对成长的渴望，从而让内心始终保持年轻与活力。所以，父母与子女的关系，实质上是相互滋养、彼此成全。养育后代不仅是对孩子的培养，更是父母对自我的重塑。通过生育与养育，个体不再是孤立的存在，而是与下一代紧密相连，生命因此获得了延续。这个延续不仅是家族的基因的传递，更是精神与人格的传承。正如父母的生命在我们身上得到延续一样，我们的生命也必然在子女身上得到延续——不仅是肉体生命，还包括精神生命。

在这个世界上，没有什么比父母与子女之间的亲情更重要、更令人感到幸福了。对父母而言，子女是他们最大的精神寄托与情感依托。鲁迅先生在《自嘲》中写道："横眉冷对千夫指，俯首甘为孺子牛。"这句诗背后还有一个温暖的故事。鲁迅晚年得子，对儿子疼爱有加。有一次，郁达夫请鲁迅吃饭，席间打趣道："你这些天来辛苦了吧？"鲁迅就用"横眉冷对千夫指"来回答他。郁达夫又调侃说："看来你的'华盖运'还是没有脱？"鲁迅说："给你这样一说，我又得了半联，可以凑成一首小诗了。"这便是鲁迅创作此诗的由来。这首诗看似是自嘲，实则饱含着鲁迅对儿子的怜爱、对亲情与家庭的重视。

从两个人到两代人的纵向伸展，体现了个体生命的内在需求。通过生育，个体不仅延续了种族生命，也完善和丰富了自身的生命。

从科学的角度来看，生育不仅仅是生命的延续，还与个体的衰老过程密切相关。美国人口统计学家罗兰·李提出了一种新的衰老进化理论，他认为我们应该从整个生命周期的角度来看待抚育后代这一行为，赋予它更大的重要性。在生命的早期，我们的身份是接受者，依赖父母的养育；而当子女出生后，我们的角色就逐渐转变为给予者，承担起养育下一代的责任。

这一理论指出，人类的衰老速度受到两个因素影响：一是经典效应，即剩余可生产值，简单来说就是繁殖后代的能力；二是转让效应，即对子女的抚育与投资。在社会性物种中，生育子女的数量和对子女的投资之间存在着一种黄金平衡。个体间生育能力的差异并不重要，也就是说，生育多少孩子并没有本质上的不同，生多生少都是一样的，真正影响衰老速度的是转让效应——转让效应越大，即我们对子女的付出越多，衰老的速度就越慢。

这一理论为我们养育后代提供了科学依据。我们不必再抱怨养孩子多么辛苦与劳累，因为在这个过程中，我们不仅是付出者，更是真正的受益者。养育子女不仅延缓了衰老，还赋予了我们更深层次的生命意义。

以往我们经常从法律和经济的角度讨论生育权与生育自由，却忽视了生育本身的自然属性与神圣性。生育不仅是种族延续的方式，更是个体生命重塑的过程，从一个人到两个人，再到两代人，生育让个体的生命得以纵向延伸，也让家庭关系变得更加丰富与深厚。

如果我们从生命本质的角度来思考生育，是否应该重新理解它的意义？是否应该对生育持更加严肃与敬畏的态度呢？

第7讲

生活：生命的存在形式

关于生育，虽然每个人都有自己的选择，但从生命的角度来看，生育是个体生命的内在需要。生命的存在是一个漫长的过程，而这一过程始终以生活的方式展开。生活是生命的存在形式，支撑我们生活的是一种重（zhòng）生、乐生的实践理性。因此，我们对待生活应有的态度就是爱生恶死、重生轻死。

首先，我们需要明确生活和生命的关系。这是我们在日常生活中很少深入思考的问题。现代哲学家、思想家、教育家梁漱溟曾提出"生命为体，生活为用"的观点。他说："生命与生活只是字样不同，一为表体，一为表用而已。""'生'与'活'二字，意义相同，生就是活，活亦即生。"

怎么理解这句话呢？通俗地说，生命需要我们赋予它意义，而生活正是生命的存在方式。无论生活多么复杂多样，它都是以生命为依据和根本的。没有生命，生活便无从谈起。因此，无论如何，我们都不能违背生命的本性。

由此可见，生命与生活其实是一与多的关系。生命本身可能是相同的，但每个人赋予生命的意义却千差万别。这是因为每个人都有自己独特的活法。从某种意义上讲，没有生活，生命也就失去了意义。即便是到了生命末期的个体，也不愿意被动地等待死亡，而是希望生活到最后一刻。

儒家思想对生活与生命的关系有一个深刻的解释，即"生劳死息"。这四个字构成了传统中国人内心的生死信仰。

"生劳死息"意味着生与死在生活中达成了近乎完美的和解。一方面，生活有效地隔绝了死亡。在传统农业社会中，生生死死如同花开花落、日升日落等一样自然。人们日出而作，日落而息，遵循自然的规律生活，村子里有人去世，也不会给人们带来太大的内心冲击。海德格尔对此有很好的解释，他认为生活就是要操心劳神，这种操劳是人最本真的状态，它将"畏死"深深隐匿其中。在现实生活中，当我们每天忙于各种事务时，哪还有时间和精力去想死亡这种事？更不用说对死亡的恐惧与焦虑了。正如孔子所说，"不知老之将至"。生活消融了人们对死亡的恐惧和焦虑。

另一方面，死亡也融入了生活。将死亡置之度外并不能从根本上消除它的存在。在日常生活中，死亡往往被生活转化与吸收了。例如，清明节、中元节、寒衣节的祭祖活动，很多民间习俗都与死亡有关，甚至在除夕等喜庆的节日中也有祭祖的仪式。这些活动和仪式让死亡以另一种形式存在于我们的生活中，赋予生活更深刻的内涵和更丰富的内容。通过这些活动和仪式，死亡不再是冰冷的终结，而是融入日常生活的温暖记忆，让我们在体验快乐与幸福的同时，多了几分敬畏与感恩。在苦难与挫折中，这些活动和仪式为我们增添了力量与信念。所以，我认为生活不是逃避死亡，而是转化死亡，并且让死亡融入当下的生活。

说到这儿，我们难免要追问：既然无法消除死亡，也不能抵挡死亡，那么，是什么在支撑我们的生活？

当然不是别的，而是乐生、重生的生死理性以及爱生恶死、重生轻死的生死态度。

什么叫"乐生"？

一种说法是以生为乐。生命是世界上最伟大的奇迹，我们自己的出生也是一种奇迹，因此，我们应该以此为乐。生命是生活中一切快乐的源头。不仅我们自己的出生是奇迹，我们还见证了我们身边的生命奇迹，他们也给我们的生活带来了快乐。哪怕是一花一木，也能给我们带来快乐。以生为乐，就能产生爱的奇迹，我们就能感受到身边的幸福和爱。

另一种说法是求生之乐。我们活在世上到底是为了什么？

可能每个人都有自己的答案。从宏观的角度来说，我们活在世上实际上是为了创造生命的价值，实现生命的意义，享受生命的乐趣。求生的快乐让生命有根、有源、有流，更是我们活在当下的动力、过程与目的。清代思想家李渔在《闲情偶寄》中写道："乐不在外而在心，心以为乐，则是境皆乐，心以为苦，则无境不苦。"简单来说，这句话的意思是，我们开心也好，不开心也罢，都是我们内心的体现，这样我们才不会怨天尤人，才能够从自我状态中获得乐趣与满足。可见，乐生根于心。

乐生恶死是我们对生活的根本态度，这不仅是生命的本能，也是生命延续与存在的基本前提。

什么叫"重生"？

重生就是以生为重，也就是要将生命的存续放在首位，并且当作根本目的，"一切为了生，而非生为了一切"。我们要反对"人为财死，鸟为食亡"的贱生哲学，也要反对"生有何欢，死有何苦"的弃生哲学，当然，我们还要反对不经审视的轻率地死。

莎士比亚笔下的罗密欧与朱丽叶的爱情悲剧想必大家都很熟悉了，但我要换个视角和大家一起来看这个悲剧。罗密欧与朱丽叶相爱，但由于家族仇恨而不能结合。罗密欧被放逐后，朱丽叶为了坚守自己的爱情，服用了"假死药"，以"死"抗婚。朱丽叶是为了等罗密欧，她要为自己深爱之人保全生命。

然而，罗密欧到来之后，面对尚未醒来的朱丽叶的"尸体"，痛不欲生，他只想到应为爱情死，却没有想到应为爱情活，便草率地将毒药一饮而尽。当朱丽叶从假死中醒来后，等待她的是罗密欧冰冷的尸体，在确认罗密欧服毒殉情之后，朱丽叶也殉情身亡。如果说罗密欧是轻生的话，朱丽叶则是死于罗密欧之手。试想，如果罗密欧对自己的生命稍稍重视一些，那么不仅可以保全自己，而且可以挽救心爱之人，保全朱丽叶的美好生命。由此可见，我们只有重生才能生命共享，也只有生命共享才能体现真正的重生。

从另一方面理解，重生就是求生之重，即赋予生命以重量，担当生命之责任。负重就是肩挑重担、负有使命，因为有担当，人才有力量战胜各种苦难与曲折，从而无所畏惧；因为有担当，人才有意义，才能挑战死亡与虚无，从而无悔今生。

《伊索寓言》中有这样一个故事：

一个可怜的樵夫，劳累和岁月压弯了他的躯体。一天，他扛着一根大树干，艰难地走着。他一边唉声叹气，一边想着，自己辛辛苦苦赚点钱，除了上交皇粮国税还要养活老婆孩子，自己都五十岁了，没过一天好日子，活着真没意思，不如死了算了。一念及此，肩上的树干滑落到地上，他也一屁股坐在了地上。死神来到他面前，问他："先生，你需要什么帮助？"樵夫回答说："请把这根大树干重新放到我肩上。"

这则寓言告诉我们：人生中再大的痛苦也比不上由死亡而生的痛苦，比起死亡，大树干简直是幸福的象征。那么，生活中的负重不正是活着的意义所在吗？如果没有了责任、担当，那还谈什么生？

最后，我们对待生死的态度应该是爱生恶死。爱生就是珍视生命，关怀生命，珍惜生命；恶死不是抗拒死亡，不接受死亡，而是要努力争取生命的延续。

在这一讲中，我们聊了生命的存在方式，也就是生活。生命与生活是一与多的关系，儒家讲的"生劳死息"就很好地体现了这种关系。所以我们对待生活要乐生、重生、爱生恶死，因为生活赋予了生命意义和价值。如果没有生活，那就谈不上有生命。

然而，现实生活既丰富多彩又坎坷曲折，我们应该以何种姿态面对呢？

第8讲

出世与入世：平衡在世的两种姿态

虽然人皆是这世间的匆匆过客，但既然人生在世，人就是局中人，不应只是看客。那么，我们应以何种姿态在世呢？

在回答这个问题之前，我们要弄清楚人与动物生命的本质不同在哪里。

人的生命存在包括两个方面：一方面是自然存在，这是自在的生命；另一方面是自我存在，这是自为的生命。于是，人们便有了两种在世姿态：一种是遵循生命之自我本性而追求有为与不朽，这就是入世；另一种是遵循生命之自然本性而追求自在与顺化，这就是出世。

那么在这一讲中，我们便来聊聊入世与出世的话题。

我们首先要明确三点：其一，入世是人们通过有为创造来抵御死亡带来的虚无，这是中华民族生生不息的文化精神；其二，出世是通过返归自然以消融死亡带来的紧张，这是人类精神的自我休整；其三，无论入世还是出世，都是人的在世策略。

我们首先来谈入世。

死亡是渗透于生命过程中的，这种渗透集中表现为生命存在的有限性本质以及人们体验到的生命意义匮乏感。从生死学的角度来看，如何抵御这种有限性是人们采取什么姿态的内在动因。

入世便是立足于有限生命而创造出无限的意义，通过在世建功立业而达于永恒与不死，据此抵消死亡虚无化对生命存在的侵蚀。"天行健，君子以自强不息"，倡导积极用世的儒家哲学正是现世之人抵御死亡虚无的思想支柱，入世是以做加法的方式抵御死亡与虚无。

每个人都在世上活着，也都必然死去，为什么在临终之际回顾自己的一生后有人会懊悔不已，而有人则坦然而从容呢？这是因为有些人活着，他们仅仅是"通过"生命，并未赋予生命以任何意义，活着也只不过是行尸走肉，其人生品质极低；而有些人则能抓住生命中的宝贵时光，使之得以充实，做了该做的事，他们不仅活过而且活出了意义与品质。

如何才能让死亡成为生命的完美谢幕，而不是断灭？

想象一下，落英缤纷是美丽的，因为充分绽放的花朵才配有美丽的谢幕。人自出生，就不曾拥有什么，我们是一无所有地来到这趟生命列车上的，我们也不会带走任何东西，我们唯有在生命列车上尽情享受前人留下来的生命琼浆的同时，以我们的聪明才智，创造意义、创造价值，才能在这趟永不停息的列车上留下我们的生命痕迹。虽然在下车时带不走任何东西，却为车上继续旅行的人们奉献了我们的所有，我们离去后，车上的人们自然会记得我们，哪怕偶尔谈论我们，那都证明我们没有白活。这才是真正的不朽，这样我们才会有一个潇洒的退场，这时，死亡便是完美的谢幕。

因为死亡，人生苦短。"老骥伏枥，志在千里；烈士暮年，壮心不已。""三十功名尘与土，八千里路云和月，莫等闲，白了少年头，空悲切。"这些诗词表达了人们内心"时不我待"的紧迫感，这才是直面生命的有限性。

即便光阴匆匆，也要投入生活，去品尝世间百味。"真正的英雄主义只有一种，那就是洞悉生活的真相后，依然热爱生活。"这是罗曼·罗兰的名言。

当我们希图超越生命的有限性时，我们关注的事情就由眼前延伸到未来。唐朝诗人陈子昂在《登幽州台歌》中吟唱："前不见古人，后不见来者。念天地之悠悠，独怆然而涕下。"生前身后、贯通古今，这就是我们的使命意识，这种使命意识随着我们对死亡的参悟而渐趋明晰而具体，并引导我们找出自己可以为之奋斗至死的事情。

人可为之而死的事情就是人的使命。马丁·路德·金说得好:"一个人如果还未发现什么他将为之而死的东西,他就不配活着。"正是在这句话的激励下,他毕生为争取黑人人权而奋斗。

南宋爱国诗人陆游至死都不忘国家统一大业:"死去元知万事空,但悲不见九州同。王师北定中原日,家祭无忘告乃翁。"此时,死亡不算什么,他念念不忘的是国家统一。有人愿意为神圣的事业而死:"生命诚可贵,爱情价更高。若为自由故,二者皆可抛。"为崇高的事业赴汤蹈火,这岂不是生得伟大,死得光荣?有人愿意为爱情而死:"问世间情为何物,直教人生死相许?"这样的爱情岂不感天动地,这样的人生岂不是真有意义?实际上,只有活着时努力开掘生活的意义,并为之尽心竭力,才可使人觉得死的可贵。如此,人们便不仅能以生为幸福,亦可享受"死",深刻体验到"死"时的如释重负,安然离去的内在欢欣。这大概正是儒家倡导"生劳死息"的真正含义。

"人的一生应当这样度过:当回首往事的时候,他不会因为虚度年华而悔恨,也不会因为碌碌无为而羞愧;在临死的时候,他能够说:'我的整个生命和全部精力,都已经献给世界上最壮丽的事业——为人类的解放而斗争。'"《钢铁是怎样炼成的》一书中保尔·柯察金的这段名言正是一个真正入世者的心声。

我们再来看出世。

出世，就是放下自我的一切，追求与复归心灵的自然宁静，"久在樊笼里，复得返自然"，"纵浪大化中，不喜亦不惧"。以无为来消融死亡带来的虚无感，这是用一种做减法的方式，来消除对死亡的紧张。

对出世者而言，正因为生命有限，才必须抓住这有限的生命，不可丝毫扭曲这宝贵的自然本性，不可使其受到侵蚀、沾染世俗污垢。

在前面，我们已经明确自我是生命的唯一主角，不过，这个自我很容易迷失其内在的生命本性。

生活中的很多事仿佛就是一个个迷宫，把我们困在其中，绕来绕去却始终找不到出口。在世之人，如果把现实生活中的恩怨、情欲、得失、利害、关系、成败、对错等作为行事待人的基本准则，便入世太深，久而久之，便会陷入烦琐的生活末节之中，把实际利益看得过重，过于现实，囿于成见，难以冷静全面地看问题，也就难有什么大的作为，这实际上已经背离了入世的宗旨。

道家思想家老子说过："吾所以有大患者，为吾有身。及吾无身，吾有何患？"身即是占有，这正是功利境界中人的突出特征。患得患失，最后混淆了本末，泯灭了本性。比如，为了名利可舍弃人格，或不择手段。著名哲学家冯友兰指出，功利境界中的人最怕死，这是一群丧失了生命自然本性的人，这正是道家哲学所指出的"乱其性"。

这就需要有点出世的精神。这个时候我们要有一种出世的思想，跳出那个圈子，以旁观者的视角来看待事情，跳出去了，一切便都了然了。做人、做事都不要陷入自己的角色里，要跳出来，要反思。

出世是让生命的运动顺乎自然，我们努力过了，至于结果如何，不应是我们关心的重点。既然生命的意义在于过程，那么，我们就应该毫无保留地进入这个过程。

长期以来流行着一种说法："以出世之心做人，以入世之心做事。""以出世之心做入世文章。"当然，也不能以消极、积极论之。这表明，无论出入都立足于世，只是态度问题，而且是互补的两种角度：一头扎进去而忘却本真，这便是佛教认为的执，"成则大喜过望，败则痛苦难禁"，似乎为人所不愿；然而，如果将世间视若洪水猛兽望而却步，甚至生出弃生念头，就是另一种极端了。刚强易折，这显然不利于生，而过柔则无生气，非生之本性。应该是一种刚柔互补的结构，这样才能构成人生的内在张力。

当然，人生在世，只是一味地出世，一味地冷眼旁观，一味地看不惯，一味地高高在上，一味地不食人间烟火，而不想去做一点实际的、入世的事情，到头来恐怕也是"等闲白了少年头"。

出世不是逃避，更不是弃世而去，而是一种精神上的超脱，大隐隐于市井，小隐隐于山林，在尘世中历练，用出世的心态去面对世间的事情。

"行到水穷处，坐看云起时。"这句话可代表两种处世心态，一个实一个虚。一个人必须经历漫长的人生旅程的奔波后才能抵达"水穷处"，进入一种空灵之境。不然，凌空蹈虚只怕有点像努力拽着自己的头发往上提，没有实际的着力点。

第 9 讲

褒贬人生：无论尊辱，坦然处之

入世与出世探讨的是个体的处世姿态，完全是个体自己的选择。在现实中，我们总是置身于人与人的关系中，谁都会遭遇他人对自己的臧否，这就涉及个体的尊严与屈辱问题。这不能简单地以面子论之，因为尊严是人在世的根本。

或许有人会问："为什么人需要尊严？"因为尊严与生命之间存在着本质联系。

尊严有两层意思。第一层是崇敬、敬仰与敬畏，有"不可冒犯"的意思。这是人的尊严。"我"和其他人一样，理应受到尊重，这是普遍尊严。第二层是有意义、有价值，有"值得尊重"的意思。这是"我"的尊严。"我"的生命意义与价值理当受到尊重，这是特殊尊严。这两层意思表明：尊严既是人高于其他动物的优越性，也是体现人的生命值得一活的本质属性。

不过，尊严又是怎么体现的？尊严听起来很抽象，很多人会觉得它看不见也摸不着，但其实尊严并不是抽象的东西，而是具体的且每时每刻我们都能体验到、感受到的，这就产生了尊重的需要。在美国著名心理学家马斯洛的需要层次理论中，尊重的需要属于较高层次的需要，比如，成就、名声、地位和晋升机会等。马斯洛认为，尊重需要得到满足能使人对自己充满信心，对社会满腔热情，体验到自己活着的意义和价值。

我们都希望自己能在别人眼里表现得很好，同时对尊严有着深切渴望和憧憬，本质上是为了获得与生俱来的价值感和意义感。每当我们能够感觉到自身存在的价值，而且能够得到他人的认同时，那种生而为人的满足感便油然而生。尊重的需要得到满足便是获得尊严感。尊重和尊严是不一样的。如果在人际关系中能够彼此尊重，相互感受到自身价值被认同和欣赏，这种关系就会更加紧密，并给予双方尊严。

尊严是尊重需要获得满足时体现出来的，然而，生活是不以人的意志为转移的客观运动，这令我们的尊重需要无法总是得到满足，所以难免会体验到屈辱感的存在。那么人的屈辱感来自何处？

在现实生活中，人的尊重与屈辱、尊严感与屈辱感总是如影随形。我们尊严受损、有屈辱感的原因主要有三个。第一个原因是现实存在的不公平。我们的尊重需要并非简单的他人的一句话，而是会触及社会资源的分配，比如，我们渴望已久的荣誉、地位，虽然是我们应得的，但实际上分配的规则决定了它们很多时候并不属于我们，这难免让我们失落，从而体验到不公与委屈。大多数人都有这方面的体验。

第二个原因是他人的不尊重。比如基于利益冲突，现实中有人可能居心叵测，故意刁难我们；基于某种惯性思维，有人可能落井下石；有人可能捕风捉影，栽赃我们。在世俗社会中，有一些人只重衣冠不重人，以貌取人，个体因其外在因素受到歧视在所难免……他人的不尊重或使我们利益受损，或令我们蒙受不白之冤，或令我们深感委屈……总而言之，都会令我们体验到屈辱。

上面所谈到的都是外界因素，第三个则是内部原因，即个体自身缺陷。尽管每个人的生命都无比珍贵，但绝不是完美的存在，一个人若是性格、行事方式等不招人喜欢，自然难免碰壁。对此，我们很容易敏感，这种敏感的根源在于对自身的不足和弱点的明显感受。我们所拥有的成就感、荣誉感、自豪感等随时有可能遭受到他人打击，或许上一刻还在为自己的价值自信满满，下一秒就会感受到自己一文不值，因而惆怅失落，伴随而来的便是更强烈的羞耻感。

无论从哪个方面看，生活在现实世界的个体难免会遭遇各种屈辱，谁也不会是那个例外。

那么，我们该如何面对尊严与屈辱呢？

有研究显示，每个人都内置了一个报警器，当我们感受到自身尊严遭遇威胁的时候，便会发出警报。通过这个报警器，我们还能够感受到对自身价值感所产生的威胁，从而促使我们及时做出反馈，这种反馈可能充满敌意与对抗。

接下来，个体便陷入严重的尊严危机。当个体无法改变客观现实，又无法忍受屈辱，感觉自己无颜活在世上时，就很容易陷入"无尊严，毋宁死"的荒唐逻辑中。现实中不少自杀悲剧的发生，根本原因不是个体尊严丧失，而是个体对尊严与屈辱的认知出了问题，陷入了思维误区。

一种错误认知是以为尊严是别人给的，另外一种是认为尊严是给别人看的。

尊严果真是别人给的吗？其实不然。尊严并非别人给的，而是一种内在的品质和价值体现，它涉及个体对自我的认同、尊重和肯定。虽然外部的评价和认可对个体的尊严感有一定影响，但尊严的本质并不依赖于他人的看法。

那尊严是给别人看的吗？有的人将尊严等同于面子，以为面子上好看便是有尊严，但其实面子并不能真正反映尊严，尊严也不一定表现在面子上。只有不断提升自己的内在素养，让生命值得尊重，真正做到内心强大，才是让自己获得尊严的根本。

我们有必要借鉴中华优秀传统文化的智慧。其中，儒、道、佛三家的尊辱观念，是我们处理辱与尊的宝贵思想资源。

儒家重大节，主张无辱而尊，"君子生以辱，不如死以荣"，当辱不可避免时，"君子视死如归"。这些发展成为一种文化价值取向，就是"宁为玉碎，不为瓦全"。儒家的荣辱观念根本在于"大节不辱"，目的是维护个体的人格，特别是在国家民族大义面前坚持人格尊严至上。

不过，儒家固然推崇以死保节，但并不赞成在小节小信中轻率言死，认为"轻死而暴，是小人之勇也"。受点屈辱便轻率寻死是匹夫之勇；相反"辱若可避，避之而已"，倡导"忍辱负重"，生命的存在意义远高于个人尊严。因而，儒家反对为尊严而自杀。

道家法自然，主张守柔而处下。老子宣称："知其荣，守其辱，为天下谷。"道家在尊严问题上采取的态度是安于谦卑、柔弱的地位，主张以柔克刚，顺应自然。因为，人生来就不一样，在容貌、身材、才能等方面存在先天差异，谁能占尽所有优势？道家告诉我们，我们的先天条件各有不同，这是自然之道，不必强求，也无须羞愧。

守辱而尊是非常重要的一种修身与处世智慧。洪应明在

《菜根谭》中写道："完美名节，不宜独任，分些与人，可以远害全身；辱行污名，不宜全推，引些归己，可以韬光养德。"意思是：君子明白居功之害，遇到好事，就应该分一些给其他人，绝不自己独享；一旦不幸遇到污名染身，也不可以全都推给别人，一定要勇于面对，承担一部分。不贪名可以远害，这是一种处世的良策啊！

佛家又和儒道两家不同，佛家重因果，主张忍辱为尊。佛家之处世论的核心德性就是"忍"，是谦卑忍辱。在佛家看来，世俗一切皆空，不必太在意，遇到受辱不妨以忍为上。而且，万法皆空，因果不空，凡事皆有因果，人家侮辱我们，自有人家的理由，我们能改变他吗？他侮辱了我们，之后他又如何？我们同样决定不了，所以就由他去吧。

古代的两位高僧寒山与拾得的对话就体现了这个道理。寒山问拾得："世间有人谤我、欺我、辱我、笑我、轻我、骗我、贱我，如何处之？"拾得笑曰："只要忍他、让他、避他、由他、耐他、敬他、不要理他，再过几年，你且看他。"这一对话完整表达了佛教的尊辱观。

在现实冲突中，不少悲剧往往是一方感觉自己受到羞辱而难以咽下这口气，采取玉石俱焚的方式解决冲突，其结局难免让人深感遗憾。

面对尊辱，儒家说重视它，道家说看淡它，佛家说由它去，各有各的妙处：儒家讲做人的原则性，绝不可含糊；道家讲顺应自然之道，恬淡虚无；佛家讲世上没有绝对的尊辱，忍常人所不能忍，方显尊严。显然，这几种观点都能在不同的场合给我们提供帮助。无论尊辱，坦然自处，方可求得内心平静。

聊到这里，大家应该明白了，何必太在意别人对我们是褒扬还是贬抑？自我始终是生命的主角，让我们活出真我，这样进而能与人处，退而能自处。

第10讲

人我共情：最有效的共同疗愈

在上一讲中，我们探讨了如何面对他人评价的尊辱问题，结论是活出真我才是正道。然而，我们怎样才能与人共处？在这一讲中，我们从生死学角度谈谈人间共情，了解人与人之间最真实、最自然的情感。

人与人相处，为什么要有共情？

首先，讲一个关于孔子家马厩失火的故事。这是一个常常被人引用的故事，讲的是孔子在鲁国身居要职的时候，他家马厩失火了，孔子退朝回家，目睹焦土断垣，急切地问："伤人了没有？"他只字未提马匹是否受损伤。这表明孔子认为同马相比，首先应当关心人，正所谓"仁者爱人"。在他看来，人与人之间应当互相尊重和互相关爱。人生而平等，就像老百姓常常说的："大家都是人生父母养的。"如果养马的人受伤了，他的家人必然很伤心。显然，支撑其仁爱思想的正是基于父母子女血亲的共情。

在高度全球化的今天，有一个大家非常熟悉的热词——命运共同体。谁都知道，人都是以共同体的方式存在的，小到婚姻家庭，大到民族国家，再到全人类，均是如此。而建立与维持共同体的有两种关系：一种是现实关系，另一种是情感关系。在日益依赖与强化契约、规章与制度等现实关系的现代社会，情感关系却日益淡化，通常的说法就是，人与人之间的联系"太现实了"。

不过，如果没有情感关系的支撑，任何共同体都是冷漠且不长久的。相反，唯有依靠情感关系支撑的才是可靠的共同体，才能给人以归属感，因为它的基础与生命过程密不可分，这是一个生死守望的共同体。

我们不妨以婚姻共同体为例。唯有依靠情感关系结合的男女个体才能成就恒久婚姻，否则，婚姻便脆弱得不堪一击。

再往大处看，对他人之生死无动于衷的冷漠现象，正是人与人之间过于现实的必然结果。显然，这里触及的并非一般意义上的情感关系，而是一种最基本的情感关系，即共情关系。

从生死学角度来讲，在所有情感关系中，最根本且最基础的莫过于基于生死的关系以及由此产生的情感联系，这就是共情，它是一种最普遍而又最深厚的人类情感与能力。

什么是共情？

一般来说，共情指在人与人交流中表现出来的，对他人设身处地理解的情感体验与能力。人类作为一种高等生物会有喜怒哀乐等各种情绪体验，在人与人的相处中，人们经历痛苦和快乐、想象别人的痛苦和快乐、渴望与别人分享自己的经验，不仅自己经历着各种情绪体验，还可能对周围其他人的情绪体验产生认知评估及相应的行为反应，这种感同身受的过程就是共情。

共情以同情为基础，但又不等于同情。一方面，同情是基于不同背景，一个人对另一个人表达的情感反应，比如，面对处于苦难中的某个人，"我"深表同情，"我"与"我"关注对象的背景明显不同。共情则是基于共同的背景所产生的情感反应。比如，面对丧亲悲伤中的他人，"我"感同身受，我们有着共同的背景：任何人都必然经历丧亲体验。另一方面，同情常常针对弱者、不幸者等特殊对象，而且偏重同情者本身的情感体验；共情则是一种普遍性的情感反应，可以推及任何对象。比如，面对某个小动物的出生，我们表达由衷的喜悦之情与敬畏之意，这与我们面对人类婴儿出生时的情感反应是相通的。共情被认为是人类的核心能力。通过建立共情，人们通过他人的视角来感知自己，以与他人共同的视角来体验这个世界，感受他人的感受。它能够消除由个体差异造成的隔膜。人与人之间往往因为个体性而出现难以逾越的鸿沟，所谓"一人一世界"，加上现实社会的种种矛盾，于是便有了分歧与冲突，最终导致痛苦与不幸。因此，能够站在与他人相同的角度来看待事物是一种意识，也是一种能力。

人为什么需要共情？

共情是人作为关系性生命的内在需要。在人与人之间的生命关系上，存在着两个矛盾的方面：一方面，生死极具个体亲历性和不可替代性；另一方面，人的生命具有脆弱性和彼此依赖性。西方学者麦金太尔指出："人是依赖性的理性动物。"他认为，由于人类生命的脆弱以及在不同生命阶段的无能，人在相当长的生命时间里是依赖性的存在者。

让我们再回到生死学的视角。从整体上看，当我们以生死为基础与前提理解生命时，共同体才是真正的生命共同体。在共同体中，人与人之间同生共死、患难与共、风雨同舟，从而坚不可摧。

英国诗人约翰·多恩说："每个人都是大陆的一片，整体的一部分……任何人的死亡都是我的损失，因为我是人类的一员，因此，不要问丧钟为谁而鸣，它就为你而鸣。"无论谁死了，都是自己的一部分死了，因为我们包含在人类的概念里。

共情表明，没有谁能对他人的生死无动于衷，"里有殡，不巷歌"，意思是说村里有人家办丧事，不要高声唱歌，这表达的正是人悲己悲的共情。即便是再低等的生命，也会或多或少地引起我们心生怜悯甚至悲悯，这正是今天动物保护的情感伦理学基础。

从个体的角度来看，生死固然是个体的生死，但是，生死的实际发生却是关系性事件。没有人能够把生死当作一个纯粹的个人事件，一个人的生或死，总会直接或间接地影响到许许多多的人和事。以死为例，英国历史学家汤因比说过，死亡是一种双人的感受，双人的事件。在他看来，死亡起码是两个人的事情。如果已经成人，有了婚姻，而不知如何面对死亡，只会眼睁睁地看着配偶哀苦无助，不知如何正确地照顾配偶，这是严重的失职。在两代人之间，所有子女均有责任储备这方面的知识。所以，"死亡"的确是两个人互动的事，更可能是与两代、三代都相关的事情。此外，共情也是对死亡恐惧最有效的疗愈。

死亡共情是一种无区别对待的情感，是对世间生命皆有一死的宿命的悲悯之情。我们知道，生死问题极具个体性与不可替代性，无论是谁，都必将独自面临死亡的局面，因此个体的死亡恐惧便难以排解。共情基于同理心，人与人之间基于生死与共的情感联系本质上就意味着共同承担来自死亡的恐惧，使任何个体都不会陷入孤独的处境。同理心是对个人命运进行普遍化延伸，从而形成一个共识："你的结局，同样将是我们的结局。"此时，死亡便由个体的事件转变为共同的命运，这种共同命运的担当是我们摆脱死亡恐惧的良方。同理心是基于必死的认识，也是对必死命运的共担，那么，不妨放下心中的包袱，接受它。

因此，生死共情对个体而言，具有不可低估的疗愈效果，死之恐惧、焦虑与悲伤可在他人的共情关照中得到缓释。

我还要指出的是，共情是一种推动生命共同体发展和完善的创造性力量。在某种意义上，共情意味着关注他人及对接受者的关心，是一种创造性地从认知、情感和行为上进入和参与他者生命世界的能力。

既然是生死共情，当然包括生之喜悦的共情与死之悲哀的共情。因此，生死共情不只是防御性的，更应是建设性的。所谓防御性，即人们通过共情弱化甚至抵消个体独自承担死亡的恐惧，这就是人们常说的："有人分担，你的痛苦会减弱。"所谓建设性，即人的生之快乐会因有人分享而加倍。乐人之所乐在无形中会增强共情者的生命信念与精神能量。不过，值得注意的是，我们常常忽略共情的建设性意义。

儒家指出，人皆有"恻隐之心""不忍人之心"。从本质上讲，这正是人类共情的人性基础。在全球化时代，人类生存危机多发之际，更需要倡导这种共情。

如此，任何地方的任何人的命运都跟"我"息息相关。小到个体，任何人的快乐幸福都构成"我"的快乐幸福的一部分；大到国家民族，任何一个国度人们的快乐幸福都同样是"我"的快乐幸福的一部分。

当我们将种族、国家之间的种种分歧简化为每一个生命存在时，我们所看到的便是人类共通的命运，即所谓"一荣俱荣，一损俱损"。由此可见，发展基于生命存在的共情能力，不仅是一个生命的个体话题，也是一个全球性的人类话题。

第11讲

苦乐人生：苦难深处有坚韧

趋乐避苦是人的本能，但现实生活中却总是苦乐相随，甚至更多体验到的是苦而不是乐。当苦痛来临之时，如何面对？我们有必要透过千滋百味的复杂的体验，从生命的本质探寻解苦之方。

生活中为何会有苦乐？

在许多人的思维里，人生似乎只有快乐才是合理的，而苦难的存在是不合理的："人活着是为了追求快乐，因此，人生就应该是快乐的。"将人生追求与现实画上等号，这可就与生命的现实运动严重不符了。

何谓苦乐？我们不妨给个简单的定义：顺生随意就是乐，逆生失意便是苦。"苦乐"是一个约定俗成的词汇，它表明苦与乐相生相随，这正是人类生命体验的双相性本质特征。

为什么生命体验会表现为苦乐双相性呢？

其根源在于生死一体的生命本质。生与死的问题实质上就是"有"与"无"的问题，生而为有是显而易见的事实。生即是得到、累加、成功，因为它是实实在在的，可感的，是拥有、感觉、享受和光明。而死就是丧失、减少、失败，故而是"无"。这似乎也是很明显的事实，有，令人快乐和振奋，无，令人痛苦与失落。由此可见，生与死的矛盾性决定了生命体验的苦乐双相性。

而苦与乐也并非简单的对立关系，苦伴随生命过程，避无可避；乐往往是苦后的结果，人生也并非一过性的苦尽甘来，而是苦乐交融，自始至终。

个体的生命追求与实际进程中的遭遇相交织的时候，便形成一个个难解的结，从而陷入一种看似荒谬的处境：我们渴望永恒，恐惧无常；但屡经苦难，我们又渴望改变。因为无常，一切皆为过往，苦难终将过去，但我们总希望好的永远在，而坏的不存在或瞬间消失。对此，时间长河里的匆匆过客无不曾苦苦寻觅，而古今中外的贤者哲人也无不尝试指点迷津。

苏东坡在《苦乐说》一文中，告诫人们不必太执着于苦与乐的区分，他认为，追慕乐事，畏惧苦事，都是苦乐未到时的心情。当苦乐真的到来，自己身在其中时，就没有什么羡慕与畏惧了；而过后，会觉得苦乐就跟声音、人影、清风、幽梦一样不可追寻。现代作家许地山说得更加明白："人间一切的事情本来没有什么苦乐的分别：你造作时是苦，希望时是乐；临事时是苦，回想时是乐。我换一句话说：眼前所遇的都是困苦；过去、未来的回想和希望都是快乐。"

这样看来，感性体验的苦乐都不过是表象而已，不必纠结，但毕竟有太多的人受其困扰，且太深太久，我们不可置之不理。因此，我们不妨从生命本体上寻找苦乐的意义，这样或许能够改变我们对苦乐的看法与态度。

苦与乐的两相对立体验是基于我们自我意志的偏好，如果我们选取更大的视角，便不难发现，苦与乐是一个相对的区分，并不是绝对的，如果我们往高处和深处看，无论苦还是乐都是一种生命体验，是生命与外部世界的连接方式，更准确地说，是对生命存在的印证与确认。当一个人死了，便什么感觉都没有了，还谈什么意义？从生命存在的角度理解，再苦也是乐。

生命体验的两相对立反映着生存的悲剧性。在人生路途中，一个人的生死及其意义正是：人在日常生活的悲剧性存在中，看到了苦难深处的坚韧。

将苦提到人生常态的莫过于佛家。在佛家看来，人生即苦，且苦海无边。"怨憎会、爱别离、求不得、五阴炽盛，四大不调而有疾病之苦。"有的人便由此推论人生在世唯有苦相一态，这实在是失之偏颇。佛家只是劝诫世人不要执着于表相而失去本我、真我，并非劝导世人放弃在世人生。在佛家眼里，人世体验并非唯有苦的单相体验，而是有苦有乐的双相体验。

趋乐避苦固然是人之本能，但面对无法改变的客观必然，我们不妨理性对待苦难，承认并从中真正领悟生命的意义，尤其是让苦难也成为生命成长的内在动力。正如西班牙哲人乌纳穆诺所说："如果我们没有或多或少地经受苦难，我们又如何知道我们的存在？"中国古代思想家孟子更是告诫我们：生于忧患，死于安乐。

一代音乐天才贝多芬，在事业高峰时丧失听力，他以坚强的意志与之抗争，以自己的生命历程完美诠释了他的传世乐章《命运交响曲》；司马迁因替他人求情而被处以宫刑，但他忍受巨大的屈辱潜心历史思考，阅读大量史料，历经数十载，终成《史记》，被鲁迅赞为"史家之绝唱，无韵之离骚"。

至于普通人在苦难中求生尽责之事更是数不胜数。

苦难是对意志的一种磨炼，是造就一个人成长与智慧的过程，既是心灵和身体的一种历程，也是内在与外在的一种历程。我们总会发现，当一个人遭遇生命中的重大打击时，比如生一场大病、经历一次重大灾难，往往会来一个"脑筋急转弯"，开始重新审视自己，重新对生活进行价值排序。

这样看来，苦与乐皆是生命本身之应然与本然，以生命为乐之根本，才是超越苦乐的去苦良方。这就是说，发自内心对生命的热爱才是苦乐年华的"百忧解"。

那么，我们应该如何面对人生苦乐？

一般来讲，人类有三种态度：迎上去、直面它与忘了它。

第一种态度是迎上去，即迎难而上，使之变得有意义。这正是儒家思想的根本态度。面对苦难，"君子坦荡荡，小人长戚戚。"没有勇气的人总是在苦难面前期期艾艾，畏葸不前；而真正理性成熟的人则勇往直前，毫不畏惧。《论语·雍也》中记述了孔子夸奖学生颜回的事。孔子说："贤哉，回也！一箪食，一瓢饮，在陋巷。人不堪其忧，回也不改其乐。"孔子赞誉颜回有修养，住在小巷子里，别人都受不了那穷苦而忧愁，颜回却不改变他自有的快乐。孔子为有这样的学生而骄傲。

马丁·路德·金说得好："随着我遭受的苦难不断升级，我很快意识到，我有两种应对我的处境的方式：要么沉溺其中，愤恨不已；要么力求将痛苦转变成一股创造性力量。"

第二种态度是直面它，即微笑着面对苦难，拥抱苦难。道家多持这一立场。在道家思想里，人生中的任何遭遇，无论苦乐好歹都只不过是自然给予人的礼物，我们要顺其自然，不必太在意种种世俗的偏见。只管凭借自然赋予我们的一切活在当下。这样，自然乐在其中。"如鱼饮水，冷暖自知"。

第三种态度是忘了它。这是佛家的立场。佛家倡导放下执着，以无住之心，面对世间万象。在释迦牟尼看来，"人生只在呼吸之间"。人之一生，犹如一呼一吸，生和死，只是瞬间的转化。了悟这点，方能做到努力把握每一刻、每一秒。"人生呼吸间，何为苦忧愁。"人的生命就这么长，何必纠结何是苦何是乐？

何为苦？何为难？都不过是心心念念的执着。执着必将导致内心冲突。内心不平静便百痛俱生，这才是真正的苦。因此，只要放下，在内心留下一种和谐平稳的状态就不会有苦。即使真有苦，也会在内心化为乌有。

面对人生苦乐，无论迎上去、直面它，还是忘了它，目的都是守护生命本体，不让苦乐的表象欺骗与损害生命自身。所不同的是，儒家让生命因此更加有意义，道家则以自然之法细心呵护生命，佛家则通过内心修持维护生命。苦是人生之苦，乐是人生之乐，都值得我们郑重对待并善加珍惜。

第二部分

老

　　老是生命的必经阶段，也是生命历程中的重要篇章。正如"生老病死"这一自然规律所示，离开衰老，我们无法完整地理解生命的全貌。那么，我们究竟该如何定义衰老？如何看待时间的流逝？又该如何优雅地老去？……这些都是每个人必须面对的生命课题。通过这门关于生死的课程，让我们重新认识生命成熟的哲学，重新理解生老病死的意义，从而更加从容地迎接自己生命的成熟阶段。

第12讲

时间焦虑：逝者如斯夫，一去不返

生命存在于时间之中，而死亡则渗透于生命全过程，从而体现为生死一体。然而，死亡的渗透并非轰轰烈烈，而是以无声无息却让我们痛彻灵魂的方式进行的，即时间的流逝。人的死亡意识源于人对时间的认知，而死亡意识又反过来强化了我们对时间的感知。

人类的时间意识经历了从循环时间到一维时间的演变。

循环时间观念是时间意识的最初形态。它源于对自然运动规律的观察与理解。四季轮换、昼夜更替、草木荣枯、百花开谢、潮水涨落等周期现象，反映在原始人的意识里便是万物循环不已，生命也不例外。

原始人生活在"圆圈"中，他们把世界想象成一个"循环轮转"的整体，正是这种神秘的时间意识使他们产生了祖先崇拜和固守传统的习俗，也产生并普遍接受了再生、复活这种死亡可以逆转的信仰。因此，当个体处于艰难状态时，会满怀希望，坚信苦尽甘来，从不丧失信心。

在远古人的意识中，生命的流逝，乃至时间的流逝，都不是直线过程，而是循环过程。这个过程的主体不是个体，而是氏族、部落。那时的人都不知道自己的个体年龄，并且认为这无关紧要。对于他们来说，只要说得出集体年龄，即自己属于某一年龄阶段和长幼辈分，这就够了。在没有身份证件制度的氏族中，人种学家在询问年龄时，至今仍常得到这样的回答："谁算过我的年纪？"古代的成年仪式也是以群体方式进行的，这使个体存在的连续性模糊不清。

然而，循环时间无法反映生命的有限性本质。随着私有制的出现，人类的自我意识逐渐发展，对世界的认识逐渐深入，一维时间的观念诞生了，人类产生了对"我的生命"的关注。对个体"我"的生命而言，从出生，到婴儿、童年、青年、中年再到老年，这种接替而现的生命进程是一过性的，是一个不可逆的过程。

钟表被发明出来后，一维时间有了更加精确的量化形式，并深刻地影响着人类对生命的认知。一维时间使得人们更加切近地理解生命从生到死的自然流程，从而强化生命的主体意识。由一维时间人们感觉到万物的不可久驻，生命的短暂与易逝及不可逆转，从而升腾出一种极普遍的时间意识。

　　人处于悠久的时间长河中时，人的生命显得如此短暂而寂寞无持。登台远眺，茫茫宇宙，天长地久，人生孤旅，不禁孤单寂寞，悲从中来，怆然落泪。屈原在《楚辞·远游》中感慨："惟天地之无穷兮，哀人生之长勤。往者余弗及兮，来者吾不闻。"

　　在一维时间的框架下，人类发现了"个人时间"的概念。苏联哲学家科恩指出，个人时间的发现是个人自我意识成长的结果。个人意识到了存在的有限性，从而意识到个人应该在有限的一生内发挥自己的才能。

　　一方面，个人时间的发现使个人成为时间的主人，从而提高了个人的自由度。人可以"掌控"时间，甚至可以通过自己的活动来"加快"时间，这样，时间就成了人可以支配的一种财产。另一方面，时间在人们心目中成为一种会丧失的资源，逐渐与个体异化，把它的节奏强加于人，致使人手忙脚乱，不断地追赶时间。这种追赶并不是人主动选择的，而是源于对"来不及"的恐惧——害怕落后于他人，害怕"错过时间"。这种矛盾使时间既成为个人获得自由的工具，又成为束缚个人的枷锁。

　　一维时间为每个人的日常行为设定了许多节点，提醒人们"机不可失，时不再来""时不我待""一日难再晨，一年难再春"。这些观点在循环时间的观念中是不存在的。在先民看来，世间万物都处于永恒的循环中，没有真正的"一去不返"；而在一维时间的框架下，人们深刻地意识到了万物的不可逆性，时间成为一条单向的河流，带走了所有无法重现的瞬间。

正是由于一维时间与生命流程的紧密交织，人们对时间变得异常敏感，进而催生出两种深刻的内心体验：伤逝与衰老。

伤逝是对时光流逝的无奈与感伤，是对过去的事或逝去的人的怀念。死亡的发现始于对"逝"的领悟，而"逝"则与死亡意识和时间意识密不可分。在对时间的感知中，人们逐渐意识到生命的衰老和死亡，更真切地领悟到时间在生命中的意义。正如李清照在《金石录后序》中用"墓木已拱"来感慨时光流逝。《世说新语》中"木犹如此，人何以堪"的慨叹，通过树木生长与人类衰老的对比，感慨时光飞逝，人生易老。

个人时间的发现不仅让人们觉察到生命易逝与岁月无情，也让人们对未来的到来充满期待。时间既让人深切地领会到逝之必然，逝之无情，也使人产生一种期待、一种向往。这种期待与向往又反过来令人们无视时间的不可逆性，甚至产生一种永恒意识。

孔子曾站在大河边，对着奔流不息的河水感叹："逝者如斯夫，不舍昼夜！"东晋的谢安在《与支遁书》中写道："人生如寄耳，顷风流得意之事，殆为都尽。"他将人比喻成旅店的房客，匆匆而来，倏忽而去，这正是一种伤逝体验的深刻表达。

然而，对中国人而言，衰老的体验往往比死亡更加深刻。因为衰老承载着生命不断流逝的无奈与怅恨，自古以来便是让人惆怅的主题。唐代诗人李商隐在《锦瑟》中写道："锦瑟无端五十弦，一弦一柱思华年。"这种对逝去青春的绵绵愁绪令人难以释怀。当人们行至暮年，追思曾经的种种经历，不禁潸然泪下。

衰老体验常常发生在不经意的瞬间：人到中年，突然有一天发觉自己体力不支；做儿女的不经意间看到母亲头上生出的白发，意识到她青春已逝、美丽不再……这种体验带来的惆怅令人难以释怀。当我们反观当下时，会以完全不同的视角看待生活及身边的人，会更加珍惜每一刻。

贺知章的《回乡偶书》正是这种情感的经典表达："少小离家老大回，乡音无改鬓毛衰。儿童相见不相识，笑问客从何处来。"这首诗明白如话，其中蕴含的情感却令人感同身受，泪如雨下。还乡的喜悦与儿童的天真交织，映衬出对家乡持久不断的思念与人生易老的感怀，让人悲喜交集。喜气中透露出悲凉，轻松中隐含沉重，所以，我们常说"近乡情更怯"。更为重要的是，还乡本是回家，但自己却已是客，表面上是现实身份的变换，实质是对人生如寄的感怀，如人们常说的："梦醒时分身是客。"

衰老的体验不仅是对过去的追忆，更是对当下的审视与对未来的提醒。梁实秋在《时间即生命》一文中写道："最令人触目惊心的一件事，是看着钟表上秒针一下一下地移动，每移动一下就是表示我们的寿命已经缩短了一部分。再看看墙上挂着的可以一张张撕下的日历，每撕下一张就是表示我们的寿命又缩短了一天。因为时间即生命。没有人不爱惜他的生命，但很少人珍视他的时间。如果想在有生之年做一点什么事，学一点什么学问，充实自己，帮助别人，使生命有意义，不虚此生，那么就不可浪费光阴。"

通过体味伤逝与衰老，我们不仅能更深入地理解生命的本质，也能更贴近老人的内心世界。这不仅是为了他人，更是为了我们自己。在时间的长河中，每个人都是匆匆过客，唯有珍惜当下，才能在有限的生命中创造无限的价值。

第13讲

年龄焦虑：驾驭年龄，活出自我

老似乎是一个人们不愿意轻易碰触的话题，而普遍存在的年龄焦虑恰恰印证了这一点。然而，衰老毕竟是每个人生命周期的必经阶段，无人能够绕开。生命的进程服从自然规律，年龄不过是这一进程的标记。年龄焦虑的本质是对衰老的焦虑。因此，只有明确如何对待年龄，才能进一步认识和应对衰老。

年龄焦虑，是指由年龄因素引发的焦虑情绪。自古以来，年轻、健康与生存都是希望的代名词，而衰老、疾病与死亡则被赋予了完全相反的含义，在不同程度上意味着希望的终结，成为无望的代名词。严格说来，年龄焦虑是将生活中所遭遇到的挫折、痛苦与焦虑归因于年龄，试图通过年龄为自己当下的糟糕情绪和情感体验寻找合理化的解释。

年龄焦虑从何而来？

年龄焦虑几乎涵盖了个人生活的方方面面：从身材、容貌到健康；从婚姻、家庭到职场晋升；从个人事业到社会交往……在现代社会，年龄焦虑的主体涵盖了老、中、青三代人。刚刚步入社会的"00后"已经开始有年龄的压力；中年人俗事繁多，面对繁重的生活负担，焦虑更为严重；而老年人则因辉煌不再，感受到真切的年龄焦虑。

有趣的是，年龄焦虑中还存在一种"鄙视链"。社会在讨论年龄时，常常充斥着戾气与低俗：三四十岁就被要求"退休让路"，"90后"鄙视"80后""70后"，"00后"又看不上"90后"，而老年人则处于这条鄙视链的最末端，甚至失去了话语权。

我们究竟在焦虑什么？

一般说来，年龄焦虑通常表现在三个方面。一是对自我意义感与价值感的焦虑。人们焦虑的其实并不是年龄本身，而是隐含在年龄背后"没有成功"的失落感，这是一种自尊焦虑。二是对不被他人理解、认同和接纳的焦虑，感觉自己孤立无助，渴望被他人理解和接纳，这是一种孤独焦虑。三是对未来不可知与前途渺茫的焦虑，担心"明天和意外哪个先到"，这是一种远景焦虑。

年龄焦虑的根源究竟是什么？

年龄焦虑的实质是生理年龄、心理年龄与社会角色之间关系的失调和错位。当现实生活状态与社会角色期待发生矛盾时，人们会主观地产生担忧、迷茫，甚至悲观、恐惧的情绪。这种焦虑既源于个体对自身状态的感受，也植根于文化中的社会角色期待。因此，年龄焦虑成了一种普遍存在的困境。

年龄焦虑往往源于我们对衰老与死亡的抗拒。人生的大部分痛苦都源于对抗，而对抗往往带来焦虑。因此，年龄焦虑的根源在于我们无法坦然接受自然年龄带来的衰老。死亡是渗透于生命全过程中的，衰老是死亡渗透的必然结果，对死亡的抗拒，正是年龄焦虑的根源。

不同年龄段的人，面临着不同的年龄焦虑。

年轻人拥有青春、健康与活力，但在现实挑战面前，心理年龄却可能停留在未成年状态，其心智理性还不成熟。随着自然年龄的增长，他们逐渐失去家庭的呵护，必须独自面对生活的种种挑战。这种对成长的恐惧与对独立的抗拒，使得他们不愿长大。

中年人处于生命的高峰，却也面临着即将到来的生命下行期。这一人生阶段充满了危机与挑战，对年龄引致的种种变化格外敏感，因而最容易陷入焦虑。

老年人正经历人生的巨大丧失期，身体机能的衰退与社会角色的淡化，使他们的年龄焦虑不可避免。

年龄焦虑不仅源于对衰老的抗拒，还源于生命本身的无常与不确定性。人类本能地追求确定性，但生命却充满了变数。

正如"人有悲欢离合,月有阴晴圆缺",生命的无常与不确定性更体现在生活上,让人们很容易往最糟糕的方面想,从而加剧内心的焦虑。

如何走出年龄焦虑?

年龄焦虑与自我认知密切相关。很多人习惯于生活在他人眼里,过着打卡式的日子,缺乏真正的自我。然而,现代社会强调个性与自我表达,这种矛盾使许多人在个性自我与社会自我之间像钟摆一样左右摇摆,焦虑不已,异常痛苦。

这样说来,难道年龄焦虑是我们无法逃避的共同宿命?其实不然,现实生活中也有许多人在遭遇年龄带给他们的挑战时,能够从容应对,从而化解了年龄带来的焦虑,可以说,他们驾驭了年龄。

每个人都会经历年龄的变迁,但并不一定会陷入年龄焦虑中。与其说年龄让我们产生焦虑,不如说是我们自己陷入了年龄焦虑。因此,摆脱焦虑还是得靠我们自己。

我们要接纳年龄。死亡渗透于生命全过程,并能为个体所感受与体验到,这是自然规律,无法改变。年龄的自然增长是死亡潜行于生命的根本方式,而明显的衰老则是年龄增长到一定程度的必然结果。年龄增长必然会留下痕迹,青春渐逝,容颜渐老,精力衰退,这些都是生命的自然过程,没有人能够逃避。

　　前面我提到，人生的大部分痛苦都源于对抗，而对抗则往往带来焦虑体验。因此，放弃对抗，选择接纳是我们应有的态度。当我们接纳了年龄带来的身体变化、焦虑情绪和恐惧体验时，年龄便不再是一种束缚，而成为一种力量和自豪。

　　年龄本质上是时间的累积，是过去、现在和未来的连续体，而存在于时间中的生命进程自有内在的逻辑，我们需要去发掘并遵循这一逻辑。当生活中遇到困境而深感茫然时，我们不妨回归生命的本质，找到对自己最有意义的事情，从而获得长期的生命力与主动性。

　　走出年龄焦虑的根本在于活出自我。活出自我，意味着要从生命的内在逻辑去回答三个根本问题：我是谁？我从哪里来？我要到哪里去？显然，这里的主体就是"我"，寻找这些问题的答案要从"我"出发，而不是在别人的标准中寻找对自我的认同。

　　在年龄面前，最能体现自我的莫过于遵循自己生命的自然流程，正如古罗马哲学家西塞罗在《论老年》一书中所说的："生命的进程是注定的，自然的道路只有一条，每个人只能走一次。每个生命阶段都有其独特的特点：童年的脆弱、青年的力量、中年的稳重、老年的智慧，每个阶段都应当享受其带来的优势。"当我们恰当地享受每一阶段的优势，年龄焦虑便会自然消散，取而代之的是对生命的热爱与对自我的认同。

第14讲

面对衰老：从容优雅，接纳会老的自己

衰老，是生命进程中不可避免的一部分。虽然衰老体验令人伤感，但它也是年华流逝的必然感悟，甚至能在心灵中得以升华。然而，当人们真正置身于衰老的感官体验中时，却往往感到难堪与恐惧，毫无诗意可言。可是，谁不会衰老？面对衰老，我们为何难以平静以待？如何才能优雅地老去？这正是我们需要探讨的话题。

不过，在进入主题之前，我们必须解决"什么是衰老"这一本质问题。

对衰老，一般的理解是：机体对环境的适应能力进行性降低、逐渐趋向死亡的一种过程。随着年龄的增加，机体各组织、器官缓慢出现且普遍发生不可避免的退行性变化。

我们有必要从以下三个方面来理解衰老的本质。第一，衰老的实质是退化，表现为结构的退行性改变和机能的衰退，适应性和抵抗力逐渐减弱。第二，衰老根源于生命自身，是生命的内在过程。衰老从受精卵开始，贯穿生命的全过程，只是在特定阶段才显现出明显的特征。第三，衰老通向死亡。从某种意义上说，死亡正是通过衰老来实现的。

我们为何难以平静地面对衰老？原因其实很简单，衰老带来了不可逆的变化与影响。种种对衰老的负面描述，反映了人们对衰老的普遍焦虑。唐代医圣孙思邈在《千金翼方》中描述："人年五十以上，阳气日衰，损与日至，心力渐退，忘前失后，兴居怠惰，计授皆不称心。视听不稳，多退少进，日月不等，万事零落，心无聊赖，健忘嗔怒，情性变异，食饮无味，寝处不安……"

以前，民间曾有一种名为《老来难》的招贴画出卖，上面的文字通俗易懂，把老年人老态龙钟的形象描绘得惟妙惟肖，说什么"耳聋难与人说话，差七差八惹人嫌……"

诗人韩愈说"吾年未四十，而视茫茫，而发苍苍，而齿牙动摇"，形象地描绘了生命力随年老衰退的现象。

在现实中，人们往往从最外在的现象特征来理解衰老。比如，说某人一脸老态，松弛的皮肤，深深的颈纹，肌肉下垂，眼神空洞无光等；说某明星法令纹较深，眼袋太重，泪沟明显，脸上布满时光的印记，老气横秋……这种对他人的评价和描述，实际上也传达了自己的忧惧和焦虑：我会在哪天变得脸上布满皱纹？如果我的皮肤失去了光泽会怎样？我会有一天突然变得反应迟钝吗？

人们是从感官层面对衰老心生抗拒的。这就陷入了一种深深的内在困境：人们内心无不渴望长寿，但又拒绝衰老。

何以至此？究其根源，在于人们关注衰老的外在特征，将衰老等同于衰老现象，而忽略了其内在本质。当我们将注意力倾注于那些衰老现象时，不仅难以接受衰老，而且会试图消除衰老，陷入一种衰老可以避免的幻觉。

从医学科学角度，目前虽未直接将衰老定义为一种疾病，但将其视为引发心脑血管疾病、骨关节炎、阿尔茨海默病等一系列退行性疾病的高危因素。衰老过程中种种生物标志物的改变，比如，皮肤颜色变暗，失去弹性，让我们能够从一种疾病的角度去评估和研究衰老，从分子、细胞层面探明衰老的一系列机制，并将氧化应激、外周生物钟等代谢过程和衰老紧密联系起来。近几年随着单细胞测序、高通量多组学技术、精准医疗等新兴技术和模式的应用，我们得以更为精确、更为个体化地绘制衰老图谱，甚至畅想未来能够预防、延缓甚至逆转衰老。

商业资本以推销商品为目的，通过各种广告宣传抗衰老产品，不断强化人们对衰老的负面认知与内心的抗拒。这样，我们一方面生活在不可抗拒的衰老进程中，另一方面又顽强地对抗着这一生命必然。渴望长寿又不接受衰老，这不免令人产生深深的忧虑，生命的自然不存在对错，问题的根源显然在人自身。

既然生命必死，人或许都曾幻想，甚至渴求能自然衰老而死——老着老着就自然、安详、无痛苦地死去，这就是慢慢变老的美好憧憬。但是，我们从没想过，衰老而死几乎是不存在的，因意外、疾病而死的人占绝大多数。衰老仅仅引起死亡的可能性在增加。生命经衰老走向死亡，这是必然且自然的，但是，经衰老走向死亡之路却是个体自己走出来的。

如何从容优雅地老去？这是每个人生命中的一道重要考题。

从容优雅来自积极的衰老认知，是对衰老之下自我角色的认同，表现为一种勇气和智慧。人们大多害怕"断崖式衰老"的痛苦。这种痛苦并非源于衰老的突然到来，而是源于对衰老的主观认知与心理落差。我们总有一天会从消除衰老的幻想中走出，就如我们习惯看到明星光鲜亮丽的一面，但突然某一天看到他们的素颜，得到的便是一种断崖式衰老体验。当然，所谓断崖并非衰老突然而至，衰老从来就是伴随生命成长的漫长过程而发生的，造成断崖的正是个体自我的主观衰老认知。

衰老认知是老年人生理和认知功能的重要预测因子，是影响老年人发病率、死亡率及功能残疾的关键因素。美国科学家对美国俄亥俄州433名老年人进行了长达18年的跟踪调查，发现那些衰老认知较积极的老年人，不仅自我报告的健康状况更好，寿命也更长。积极的衰老认知不仅能延缓衰老的进程，还能使各种预防和延缓衰老的方法真正见效。这一切的前提，是坦然面对衰老。

要优雅地老去，关键在于认同衰老之下的自己。这意味着，我们要对自己的衰老持一种正确的、现实的和积极认同的态度，而不是无可奈何地接受传统的"老人"形象，或拒绝承认衰老所带来的变化。各种各样的衰老都是真实自然的现象，我们何不接受真实的自己？试想，如果你的生命进程已到衰老加速期，而你的自我认知还停留在青年阶段，当你不得不面对自己的生命自然流程时，怎么可能不产生断崖式衰老体验？

我们对衰老的负面解读以及对衰老的一些具体表现的恐惧与抗拒，往往源于站在青年阶段看待衰老。衰老的表现与青春、活力、健康相对立，这种对比加剧了我们对衰老的抗拒。试想，如果我们站在生命的其他阶段来看待衰老，大概我们也不会惊讶、惊慌与恐惧。在现实生活中，我们无须对自己的衰老遮遮掩掩，也不必过分在意能力上的细微变化。研究发现，老年人往往过分在意这些变化，而这种关注比变化本身更能促使人衰老。这种心理状态不仅降低了自尊，还削弱了自制力，进一步强化了社会对老年人的刻板印象。

美国开国元老托马斯·杰斐逊于1814年7月5日71岁时写信给79岁的约翰·亚当斯。他在信中形象地描述了衰老："我们的机器已经运转了七八十年了，可以预料到它们将会损坏，这里一个轮轴，那里一个轮子，现在一个齿轮，下次一个弹簧，将会出现故障，虽然我们能暂时将其修理好，但终究都会停止运转的。"这种对衰老的坦然与幽默，展现了何等的潇洒与智慧！

从本质上说，死亡虽然是生命之必然，但它也意味着生命的损坏与终结。死亡并不美好，它展示的往往是苦难与丑陋。我们不应美化死亡，而应清醒地认识到，接受死亡不是一件容易的事情。衰老作为死亡的实现方式，常常伴随着难堪与痛苦。我们渴望自然衰老而死，这种理想化的愿望虽然表达了对死亡的接受，却未必符合生命的真实面貌。

慢慢变老的浪漫，源于对生命必然走向死亡的坦然与从容。从根本上说，这种从容是自我渴望保持美好生命与生命必然死亡之间的和解与妥协，它需要勇气与智慧。所谓勇气，即敢于直面衰老带来的一切，包括容颜变丑、精力衰弱、思维迟钝以及做事情时心有余而力不足的无奈等。所谓智慧，即认识到与"我必死"相比，这些变化都微不足道，从而以平和的心态接纳衰老。

衰老的实质是退化，而生命的进程本质上就是一个不断告别过去的过程，是一个不断做减法的过程。这正契合了"断舍离"的精神奥义。要优雅地老去，我们要学会抛弃对过去的执着，顺应生命衰老的自然流程。这包括放下对名利的追逐，甚至过去对生命的种种执念。只有自在自然、无拘无束，才能获得身心的轻松与心灵的自由。

第15讲

老年：岁月积淀中的智慧绽放

谈起老年，许多人会不自觉地将其与"困境"和"问题"联系在一起。人们对老年的刻板印象根深蒂固，不仅导致社会认知的偏差，也影响着老年人的生活。这一讲，我们就来讲一个核心问题：什么是老年？

关于老年的刻板印象主要围绕两个因素：衰老与老龄。衰老是生命的自然表现，而老龄则体现了生命的时间本质。然而在刻板印象里，"机体衰朽"与"时日不多"成为老年的代名词。人们常常将"老"与"朽""衰""废"等负面词汇联系在一起，老龄被等同于衰老与退化，甚至失去了"长寿期颐"的美好意味。

这种刻板印象的症结在于，它将生命简化为身体，用生理的衰退概括生命全部；同时，它将年龄简单地归结为线性的自然年龄，忽略了生命年龄的丰富内涵。这种片面与静止的视角，不仅掩盖了老年生命的多样性，也从根本上否定了老年的意义。

显然，我们有必要重新认识老年。那么，什么是老年？

这实际上是如何界定一个人是否到了老年的问题。从人类生命发展史来看，老年的界定年限是不固定的。在原始社会，人类寿命极短，不存在老年的概念。随着生产力的发展，人类寿命逐渐延长，那些寿命超过社会平均水平的个体才被纳入老年范畴。比如，中国古代将60岁以上视为老年，而现代60多岁的人的健康与智力水平都有了质的飞跃。

有学者指出，当前老年人口的界定标准过于简单化，只关注生理年龄，而忽视了老龄化的多元性、层次性、阶段性和动态性。现行的老年标准（如联合国提出的65岁以上）是数十年前提出的，而如今人类社会在人口结构、健康状况、疾病谱以及经济、社会关系等方面已经发生了重大变化。因此，我们对老年的认知不应局限于僵化的模式。严格来说，老年是一个动态的概念。

根据新加坡《联合早报》的报道，日本厚生劳动省一项有关老龄社会的调查结果显示，在被问到"认为多大年纪算老年人"时，大多数人回答"70岁以上"才算老年，还有一部分人认为"80岁以上"才算老年，而认为"60岁以上"就是老年的还不到一成。这一结果表明，人们对老年的认定标准并不一致。个人的健康状况、智力水平、心理状态以及社会角色等因素，都影响着其对老年的理解与定义。

从某种意义上讲，一个人是否进入老年，取决于他自身的理解与建构。每个人都以自己的方式经历老年，而社会通行的标准（如退休年龄）只是外在的形式。正如古罗马哲学家西塞罗所说："老年并没有一种确切的终点，只要一个人还能够尽自己的责任，不畏惧死亡，他就完全可以很好地度过晚年。"

从生命的个体性来看，老年是由我们自己定义的。无论老年从什么年龄开始，它都是每个人独特的生命存在。老年是自己过的，"什么是老年"应该由我们自己给出答案。这是生命自我主体性的必然要求。如果每个人都盲目遵从刻板印象，生命的尊严与质量又从何谈起？

要真正理解老年，我们需要从生命进程的角度出发。老年不仅仅是生理上的衰老，更是心理与社会关系的多维变化。这种多维存在正是人类超越动物生命的本质所在。人到老年，虽然生理机能逐渐衰退，但心智却可能更加成熟，这正是人类生命本质的体现。

老年是生命的成熟期，是岁月积淀的智慧绽放的时刻。在古代和大多数传统文化中，变老意味着智慧的获得，这是老年的生命底色。在没有文字的社会里，老人被视为智慧的宝库。非洲有一句格言："一位老人去世，就如同一座图书馆被焚毁。"这句话生动地诠释了老年人在文化传承与智慧积累中的独特价值。

老年是人生的决算期，童年的纯真、青年的激情与中年的稳健，虽然在时间上远逝，却在精神上凝结为老年的人生智慧。正如黑格尔所说，60岁老人口中的一个概念，往往浓缩了他一生的生命感悟。从这个意义上说，我们的一生似乎都在为创造出这可贵的老年做准备。海德格尔将60岁开始的老年比作生命的秋天——充足、均衡、柔和而静谧。

早在两千多年前，孔子就将老年理解为达到自由境界的过程。他说："五十而知天命，六十而耳顺，七十而从心所欲，不逾矩。"意思是说，到了50岁，我们才能真正理解人生的意义，明确人生的目标与方向；到了60岁，才能以平和的心态接纳一切；到了70岁，才能在精神上获得完全的自由，既不违背规则，又能随心而行。孔子的话揭示了一个深刻的道理：老年虽然伴随着生理上的衰退，但心智却更加成熟，能以豁达的心态看待万事万物，这是年轻时无法企及的境界。

从容面对死亡，是心智成熟的根本标志。人类对生死的智慧，发端于对"我之死"的理性自觉，成熟于老年。死亡的临近常常让老年人感到焦虑，但美国著名心理学家埃里克森指出，生命的每个时期都有其特定的任务，老年时期的任务就是获得面对死亡的智慧——面对丧失而完善，面对死亡而与生活和解。古罗马哲学家西塞罗将老年时的死亡比作熟透的苹果自然落地，认为老年的死是成熟的死。他写道："越接近死亡，我越觉得，我好像是经历了一段很长的旅程，最后见到了陆地，我乘坐的船就要在我故乡的港口靠岸了。"这种对死亡的从容态度，正是老年智慧的体现。

　　老年不是一个静止的点，而是一个动态的生命过程，是生命的另一段奇妙旅程。当老年的睿智取代了少年的青涩，留在心头的不仅有感伤，更有阅尽人间百态后的淡定与从容。与其感叹"夕阳无限好，只是近黄昏"，不如自勉："但得夕阳无限好，何须惆怅到黄昏！"老年是我们自己的生命旅程，每个人都会经历，它需要我们去激活，去定义，去赋予它独特的意义与价值。

第16讲

回忆：等待被激活的生命存在

在前面的讨论中，我们从宏观角度探讨了时间、年龄、衰老与老年的话题，澄清了一些关于"老"的模糊观念与心理情绪。接下来，我们将深入生命的老年阶段，全方位了解其内涵与本质，从而学会如何优雅地老去。

在生命的后半程，存在两种力量：一种是生命走向尽头的消逝之力，它是不可逆的，不可逃避且与日俱增；另一种是回望生命过往的回忆之力，它以过去的记忆牢牢地牵动着正在消逝的生命，同样与日俱增。优雅地老去便是在这两种力之间建构内在的张力，从而走向生命的尽头。回望生命过往，记取来时路，是老年期的时间观的核心，它使老年生活温馨而从容。

老年人爱回忆，这是一种普遍现象。但回忆对老年人究竟意味着什么？从生命历程的发展规律与老年人面临的自我认同危机来看，回忆对老年人具有重要的心理意义与实际价值。

这是人生的时间形态演变的内在必然。一般而言，人生的时间形态演变经历三个阶段：青年指向未来、中年指向现在、老年指向过去。

青年人的时间指向未来。他们生命力旺盛，为理想而奋斗，前程似锦、雄心万丈，生活在今天，但不是为了今天，而是为了所能预见到的、所创造着的明天。青年人生活在期望中。

中年人的时间指向现在。现在便逐渐变成了目的本身。因为中年人已不再幻想，也不能再幻想，事物的发展到中年时期已基本定型，把今天过好，做好所有今天该做的事便是生活的重心，这就应了一句俗话："人到中年万事休。"

老年人的时间指向过去。老年人来日无多，未来变得有限，再也没有人问他们"你将做什么"。他们今后的生命比已过去的要短，正是此时，时间的意义才真正被发现。

奥地利学者让·埃默里在《论衰老》中指出，荒谬的是，时间不存在于其他生命阶段，而只存在于老年人的意识中，"我们在垂老之年找到了时间"。这种时间的辩证法揭示了老年人对时间的独特感知。

时间并不是均匀地分布在生命的每一阶段的，在不同时期，时间所表现出来的含义是不同的。这也正如生活中的一些事物，当你拥有时，你不会去珍惜，只有当你失去时，你才知道珍惜。

　　青年人还不曾亲历时间不可逆的无情，因为对他们而言，一切皆有可能，一切都有机会翻盘；只有日渐垂老之人才会全方位感受时间的不可逆性，当临近生命晚期，他们才最终体会到今生有限，自己已没有了任何翻盘的可能，只能把每一天都当作最后一天来过。

　　德国学者卡明和亨利曾指出："死亡的不可避免性问题导致对生命意义的回顾性反思。"老年是告别生命过往的阶段，丧失成为老年人的人生主题。老年人的未来是越来越短的，他们越来越接近生命终点，越来越多的经历成为前尘往事，回忆便成为老年生活的重要内容。

　　老年人爱回忆，还源于自我认同危机。当个体迈入老年，特别是社会通过退休等方式宣告其"老年人"身份时，其人生会发生颠覆性的改变。老年人面临的是多重分离：地位、职业、身份标签的被剥离，以及社会对老年人的种种限制和优待。这种分离可能导致两种结果：一种是他们会逐渐适应，从对分离的抵抗转变为自觉地接受，并发展出一种自感疏离的能力，成为社会建构中的"老年人"；另一种是因为抵抗分离而产生自我认同危机，表现为"不服老"或退休综合征。退休综合征是老年人由于退休后不能适应新的社会角色、生活环境和生活方式而出现的焦虑、抑郁、悲哀、恐惧等消极情绪。它反映了老年人在面对生命转变时的心理困境。

老年人的身份建构常常会伴随着断裂式体验：当曾经的辉煌成为过去，当未来变得有限，老年人难免会问："我是谁？我从哪里来？我要到哪里去？"这些问题本质上是时间轴上的自我同一性问题。从"过去—现在—未来"的生命时间周期演变来看，对"我要到哪里去"的解答，正是对生命的回顾。这种回顾不仅是对过去的整合，也是对生命圆满的要求。

那生命回顾对老年人究竟会起到什么作用？

首先，生命回顾是对生命的复盘，它为老年生活提供了内在动力。生命发展阶段理论认为，能否顺利实现对生命历程的自我整合是影响老年群体晚年幸福的重大因素，并强调可以通过生命回顾的方式，将愉快的、痛苦的以及尚未解决的冲突事件一一整合，以更宽广的角度来赋予它崭新的意义。

其次，老年是决算期，前面的经历都是在为此做准备、积累素材而已。整合自己的过去和现在，所经历的人生各阶段的果实才逐渐成熟，并转换成为自己的人生财富。

再次，生命回顾是一个回顾过去并与之达成和解的过程。这个过程很重要的一部分，就是承认和接受自己过去在人生各阶段所做出的选择。而与过去的和解，又何尝不是对当下老年生活和解的自励自勉？

最后，通过生命回顾升华自我，还可以缓解"我将归于何处"的死亡焦虑。在回首一生时，不管成功还是失败，老年人都应该接受自己走过的道路和与众不同的人生，只有这样才能够达成自我圆满，并建立起内在信仰。

从动态历程来看，人的一生会经历不同阶段的自我。每个阶段都会有其独特的主题，而且我们在完成一个阶段的任务后，便会马不停蹄地转换角色，奔向下一阶段。时间催人前行，我们无法驻足细想、品味与咀嚼过去的经历。虽然偶尔会回首往事，心生感慨，但不论是充满向往还是略带无奈，我们都必须一往无前。

老年是生命的成熟期。什么是成熟？成熟就意味着此生获得圆满。圆满的本质在于超越一维线性时间对生命的主宰，将自己的生命建构成一个圆环。这正是老年智慧的真正含义。我们所面对的不仅是沉浸于过去的怀旧与回忆，更是对生命历程的自我整合过程。自我同一性体现在自我生命具有连续性、成熟性与统合性中，实质是过去、现在与未来的主观一致感和连续感。

这种自我同一性包含对自身生命周期的接受，以及对自己无可替代性的承认。这种认知支撑起个体的安身立命之感。心理学家埃里克森指出，达到自我整合状态的老年人能够接纳自己的人生，将其视为必然的发展过程。他们对自己的人生感到满意，认为生命有意义，内心体验到无悔此生。他们抱定从容心态，随时准备面对死亡，但活着的每一天都尽心尽力地好好生活。正如古人所言："时时可死，步步求生。"

前尘往事并非只是沉淀的回忆，而是等待被激活的生命存在。回忆也不仅仅是简单的记忆回想，而是一种深刻的老年生命现象。通过回忆，老年人重新审视自己的生命历程，赋予其新的意义与价值。这种回顾不仅是对过去的整合，更是对生命圆满的追求。

第17讲

如何老去：我有我的活法

谈及老年生活，"养老"似乎成了关键词。"安度晚年"的前提便是"养老"，即有人来养。无论是传统意义还是现代语境，养老都基于对老龄化的负面化理解，将老年人群视为需要特殊关照的对象，老人成了"被养老"的客体。然而，老年生活的本质是生命老龄化的过程，其决定因素并非"如何被养老"的环境条件，而是个体"如何老去"的主体自觉。

这一讲，我们将聚焦老年人如何破除"被养老"的误区，活出自我。

老龄化指个体的衰老过程和人口群体衰老的趋势。个体的老龄化离不开衰老，是个体到达一定年龄之后衰老特征的集中呈现与加剧。老龄化是一个长期过程，而非某种孤立事件，始于生理衰退和社会角色转换，且存在显著的个体差异，没有绝对统一的时间与标准。

面对老龄化，存在两种态度：消极老龄化与积极老龄化。前者负面地看待老龄化，被动地应对老龄化进程，往往被贴上刻板标签；而后者则通过积极的姿态调适老龄化所产生的影响，并努力延缓或弱化其负面结果。

所谓消极老龄化，指的是个体始终以青壮年的视角看待老年阶段的身体退化与社会退出。在与环境互动中，他们被动接受"无用""无能"等老年刻板形象，并将其内化为自我认知，从而产生一种习得性无助。这种无助感进一步强化了他们对社会支持的依赖，使他们在心理与行为上逐渐丧失自主性，陷入被动的"被养老"状态。

美国著名社会学家贝蒂·弗里丹称之为"按部就班地老龄化"，本质上就是一种程序化与模式化的结果。一个人到了一定年龄就会被贴上"老年人"标签——比如到了更年期与退休时间，在环境和自己的双重建构下，那种刻板的老年人形象便活生生地出现在现实生活中，个体经历一种断崖式体验，似乎在某一节点上自己就突然成为老年人，就要告别过去的一切，包括人生追求、事业等，而且总被告诫："都一大把年纪了……""什么都别想了"。

消极老龄化往往立足于人们普遍存在的脆弱性，关注的是"我"已经失去了什么与"我"已不能做什么，以消极的思维和方式对待自己的老龄化，完全为环境与传统观念所塑造，从来不依据自己的生命实际，越是这样，越是无法独立，因而也就越是依赖社会和他人。这是"养老语境"下的必然。

所谓积极老龄化，是指个体从自身生命历程的角度来看待老龄化，将其视为正常、自然的变化。积极老龄化的核心在于保持良好心态，激发自己生命的活力，并通过参与社会生活逐步实现自我价值。积极老龄化观点并不回避老年独有的"特殊的脆弱性"，但更多地关注自己还拥有什么，还能做什么，并尽可能抓住机会让生命之花充分绽放。积极老龄化有两个特征：自我认同与生活自主。

积极老龄化的首要特征是自我认同。它要求个体从生命的自然历程来看待身体机能退化，如记忆衰退、反应迟缓、精力不济等。虽然这些都是老年阶段的挑战，但积极老龄化观点并不认为老年人因此难有作为。古罗马哲学家西塞罗曾说："完成人生伟大的事业靠的不是体力、活动或身体的灵活性，而是深思熟虑，以及性格、意见的表达。关于这些品质和能力，老年人不但没有丧失，而且益发增强了。"这种观点强调了老年人在智慧与经验方面的独特优势。

积极老龄化的另一个特征是生活自主。尽管常遭遇来自外界的忽视与歧视，但老年人应主动表达和争取生活的主动权，不被社会建构的角色限制。古希腊悲剧大师索福克勒斯就是一个典范。他在耄耋之年仍然孜孜不倦地写作悲剧，甚至因专注于创作而被儿子以"年老智衰"为由告上法庭，要求法庭剥夺其管理家产的权力。据说，这位年迈的作家当场把他正在修改的剧本读给法官们听，并且问他们："这个剧本像一个年老智衰的人写的吗？"陪审团听了他朗读的剧本，判他胜诉。这个故事展现了老年人如何通过自主行动打破偏见。

现实中，许多老年人虽然退休了，但"身退心不退"。他们或依然致力于自己心目中所热爱的事业，或重拾过去荒废的兴趣与爱好，服务社会，怡情自我，乐在其中，活力四射。苏格拉底在晚年学会了弹七弦琴，古罗马改革家梭伦曾在诗中夸耀自己虽然老了却"每天都在学习新的东西"。如今，越来越多的老年人在退休之后积极参与丰富多彩的文化体育活动，忙得不亦乐乎，充实而快乐，完全没有出现沉沉暮气，反而是活力无限。

研究表明，对自己的衰老持一种正确、现实且积极的态度，而非无可奈何地接受传统的"老年人"形象，或拒绝承认老龄化所带来的变化，似乎是获得充满活力的晚年甚至长寿的秘诀。

电影《飞越老人院》讲述了一群年迈的老人因为各种原因被家人送到了老人院。身体的每况愈下和精神上的孤独让他们十分憧憬老人院外面的生活，不甘愿被院方管束而放弃自由生活的权利，他们决定出去走一走，看一看。于是他们齐心协力买了一辆大巴，摆脱了老人院保安的管辖，偷偷溜出了老人院，一路歌唱欢呼，活出了他们想要的激情。并不是只有年轻人可以活出自我，老人们应该比年轻人更热爱生活。他们虽然在生理上不如从前，在心理上却都是独立的个体，他们热爱自由和生活，有自己的烦恼，虽然被忙碌的孩子们安置在老人院里，可他们心系子女，渴望温馨的家庭生活，渴望化解跟子女的矛盾。

可见，两种老龄化态度带来两种截然不同的生活方式。我们常说"老有所为，老有所乐，老有所学"，但这些都要建立在老年生活的主体性基础之上，即"老有主张"。在"被养老"的状态下，这些目标难以实现。因此，摆脱"脆弱者"的身份标签，走出"被养老"的困境，是现代老年人展现时代精神风貌的关键，这大概也是应对老龄化社会难题的主体条件。

老年生活的宗旨是"为自己而活"，即"我有我的活法"。

老年生活要超脱世俗。人的一生历经不同的阶段，每一阶段都有非常明确的人生主题。青壮年时期，身处世俗社会，难免陷入求名求利的纷争，生活中有许多无奈，很难完全为自己而活。而到了老年，这些世俗事务已然不再是生活的主题，恰恰相反，远离名利纷扰，正是老年生活回归生命本性的前提。孔子曾告诫人们："及其老也，血气既衰，戒之在得。"意即到了老年，血气已经衰弱，对名利得失要看淡些，要保持心平气和，其本义就是摆脱世俗名利而为自己活。西塞罗也说："一个人如果经历了年轻时的情欲、野心、争斗和仇恨之后，能够归于宁静，转向思考，享受一种超脱的生活，那是多么幸福的一件事啊！"

老年生活要有冒险精神。老年是一个全新的生命时期。贝蒂·弗里丹指出："退休标志着开始一种没有角色的角色，老年人没有社会规定的角色，被迫自己为自己创造角色。"为自己而活，意味着完全靠自己去思考、行为与判断。然而，摆脱了外物的约束与控制，也就意味着失去了外在的依据和参考物。在这个阶段，没有可以效仿的固定角色模式，没有路标，没有可见的奖赏，一切皆源于内心，这是巨大的挑战，也是激活内在心灵与智慧的契机。正如作家刘白羽所说："一个人，可以衰老，可以病死，那是自然法则，人们并不畏惧，但人绝不能在肉体还活着时而灵魂却已经枯死。"

老年人开启一个新的生活阶段，是一次勇敢的冒险，也是迈向崭新岁月的契机。面对未知的世界，老年人应该积极探索，寻找生活的真正意义。这不仅是对自我生命的延续，更是对生命价值的重新定义。无论想做什么、能做什么，都应当让生命之火继续燃烧，不为外界的期待，只为内心的激情与热爱。

老年生活是个人生命历程的自然延续与结果。每个人的人生轨迹都是独特的，老年时期的选择、资源、社会地位和情感体验，不仅受到当下环境的种种影响，更深受早期生活选择和经历的影响。老年作为生命历程的晚期阶段，承载着前期的积累与沉淀，呈现出丰富的异质性。

生命历程理论强调，人的一生并非由孤立且界限明确的不同阶段拼接而成，而是连续且动态的发展过程。若想理解老年阶段的状况，就必须回溯它的历史背景。晚年的生活选择、思维方式、价值取向和情感态度，无不与过去的积累息息相关。身体状况、智力水平等也都是过去生活的必然延续，无法割裂。这种延续性构成了个人的自我同一性，是生命意义与尊严的核心所在。

老年生活是一场"向死而生"的旅程。死亡在老年阶段不再是抽象的概念，而是具体的个人体验。老年生活将死亡融入其中，实现生死一体，这是一场个人的朝圣之旅，无人可以替代。正如英国作家毛姆所言："生命的尽头，就像人在黄昏时分读书，读啊读，没有察觉到光线渐暗；直到他停下来休息，才猛然发现白天已经过去，天已经很暗；再低头看书却什么都看不清了，书页已不再有意义。"老年生活如同在黄昏时分读书，平静而深邃。这是慢慢老去的真相，也是生命最后的诗意。

第18讲

代际关怀：不缺席父母的衰老

我们现在谈论原生家庭时，往往带有鲜明的问题取向，似乎原生家庭更多地被视为个体思想包袱、束缚与压力的来源，而家庭对个体安身立命的本体意义无形中被淡化了。然而，对老年人来说，家庭无疑是最舒适的安身立命之所。从某种意义上讲，生命的本体意义最终要归结到生命的繁衍与绵延上——你为你的生命延续贡献了什么，生命的延续对你就意味着什么。

这一讲，我们便来探讨代际关怀与老年人安身立命的话题，深入了解家庭对老年人的重要性与意义。

首先我们要了解一下家庭对安身立命的本体意义。

"安身立命"包含两个核心的问题：第一，所谓安身，即作为寻求自我需求、自我满足的伦理主体，如何在群体中与他人相处，家庭自然是安身的首要指向；第二，所谓立命，即作为有限存在的伦理主体，如何寻求自我的永恒价值与终极存在，这是有限个体与永恒存在的关系问题，而生命的繁衍与延续显然是个体赖以立命的根本诉求。

东汉的许慎在《说文解字》中对"安"是这样解释的："静也。从女在宀下。"安是一个会意字，宝盖下面是一个"女"字，表示屋下有女，意即家有女子，才有安乐和稳定，这便是"身安"。而有男女则意味着生育，随之而来的则是生命繁衍延续，这正是有限个体走向永恒存在的立命之基。

生命的延续是通过新生儿开始一个生命周期，而另一个体逐渐结束自己的生命周期。这一过程使得循环往复的生命周期扩展为代际传递：上一代赋予下一代生命，下一代则承担起对上一代的赡养义务。这种传承自然而紧密，这种代际互动使家庭充满了内在张力与活力。

长期以来，人们对老年人在家庭中角色的理解存在偏差，往往将其视为一种消极、被动的存在。大多数人认为，我们应该供养老人，不让他们再辛苦劳累，很少从积极的意义上理解老年人的价值。

实际上，一个人在家庭中的角色通常是动态变化的：最初是生育，随后是参与子女的成长，最后是逐渐退出。心理学家埃里克森在《论老年》一书中谈到代际关系时，提出"繁殖感"与"停滞感"两个关键词。所谓繁殖感，指的是通过生育后代而获得的生命力延续体验与成就感；而停滞感指的是由于衰老不再生育而产生的生命力停滞体验。从自然生命的延续角度来看，老年人曾作为父母，但随着年龄增长，他们的繁殖能力逐渐衰退乃至丧失，这种生理转变可能使他们陷入意义空虚与危机感，这是所有为人父母者最终面临的根本性价值失落。不过，这也是一个转机：父母可以将所有精力倾注在已有的子女身上，参与到子女的成长过程中，实现由"生"到"育"的转换。

子女成年之后，两代人之间难免会出现冲突，甚至有时渐行渐远。子女们奔向新世界的广阔天地，而日渐衰老的父母则退到一旁。不过，父母从未真正远离，他们依然为子女操心。值得注意的是，父母对子女的担心与操劳并不一定是为了求得什么实际的效果，因为这本身就是他们生活的一部分。更多的时候，它是一种默默的祝福与祈祷。父母是子女人生旅程的守望者，这是他们坚持到最后的家庭角色。

从代际关怀的角度来看，家庭对老年人的意义深远而独特。两代人首先是一种彼此成就的关系。有一种说法：子女是父母最伟大的作品。子女的健康成长让父母欣慰，子女在人生道路上的每一次成功都是父母的骄傲。而当父母步入老年，子女在创造力和生产力方面的成就，不仅是父母自身创造力和生产力的继续和升级，更是父母未曾实现的人生追求的替代性实现。

有时，成就并不一定意味着世俗意义上的成功，而是一份被认可。例如，现实生活中，家中老人的唠叨在年轻人眼中可能显得烦琐，年轻人往往未能领会唠叨背后的生命意义。父母的唠叨，实际上是一种试图证明自己被需要、有意义的方式。他们希望自己对子女有用、有为，而不愿被视为可有可无甚至多余的存在。

两代人的关系看似复杂，实则简单而纯粹，核心在于诉说与聆听。即使只是简单的交流，父母也能从中获得一种强烈的存在感与满足感。子女向父母诉说，意味着父母被需要，这对父母来说就是一种成就。

代际关怀是给予老年人心灵慰藉。日本东京大学著名学者上野千鹤子在《在熟悉的家中向世界告别》一书中指出，"称心如意的老年生活"需要三个条件：一是老年人不应该离开自己熟悉的家；二是比起有钱，更应该有人（亲朋好友）；三是不迁就他人但又自律的生活。第一项显然表明家庭作为老年人的栖身之处的不可替代性，第二项表明亲友关系比金钱更重要，第三项则表明老年生活应该有自我主体性。显然，前两项都与家庭紧密相关。

鲁迅先生说得好："家是生之所，也是死之所。"

家庭，我们进进出出、亲切熟悉的地方，其独有的空间结构与物品陈设维系着我们的根和秩序。相比外部的"关怀"，家更能提供归属感与安定感。面对生命的脆弱与无常，任何东西都无法取代家的地位与作用。

代际间的经济支持、日常照料、情感交流等一系列频繁的互动活动，可以归结为"哺育与反哺"的互惠关系。这种代际间的双向支持和流动，最终达成物质交换与情感慰藉的均衡。

代际间的均衡关系是老年人的一种无言的期待。父母对子女的哺育是自愿的、充满强烈责任感的家庭事业，在这份事业的经营中，子女从成人到成家立业，都与父母的投入密不可分。父母的生命与子女的成长紧密相连，并从中延续父母的生命价值与人生价值。

衰老是个体生命独自承受的"孤苦"。身体机能的衰退与社会关系的退出，往往会令老年人陷入孤立无助的境地。此时，亲人尤其是儿孙辈的陪伴无疑是最大的慰藉。家庭不仅是老年人安身立命的场所，更是他们心灵归属的港湾。

第19讲

社会参与：老年人的新舞台

　　如果说家庭是个体生命的根，是个体生命的心灵归宿，那么，社会则是个体生命现实存在的土壤，是人生在世的舞台。我们所有的一切都离不开社会这一现实舞台，社会是个体安身立命的基础。我们常说的"人世间"指的就是社会、现实世界，在世与离世则是生与死的另一种说法。

　　步入老年的个体一旦退休，如何处理个体与社会的关系？是选择脱离，还是继续参与？

　　这一讲，我们便聊一聊老年人的社会参与问题。

　　退休对每一个劳动者来说，都是人生的一个重要转折点。一旦退休，就意味着开始迈入老年，丧失了自己原来熟悉的社会角色、社会关系以及集体归属感。众所周知，个体正是通过职业生活搭建起自己的人生舞台。一份稳定的工作不仅为我们提供了生存与安全的保障，还满足了情感归属、成就尊重和自我实现等需求。

一旦退休，就意味着这一切都结束了，人生的舞台似乎被撤掉了。退休常被理解为"撤离社会"，因此，许多人在经历退休时，难免陷入退休综合征，"一无所有"的空虚、"一无所用"的耻辱、"无人相助"的孤独等多种负面情绪纷至沓来。为了尽量避开这些负面情绪带来的痛苦，脱离社会似乎成为一种自然选择。

退休后，老年人与同事的接触日渐减少，社交活动也相对减少，加之生活方式的改变、娱乐活动的受限，以及子女忙于工作而疏于照顾，老年人精神上的空虚感很难排解。他们可能感到自身和外界隔绝，甚至产生被遗弃感等消极体验。这种心理状态必然会对后续的生活造成许多不良影响。

然而，退休并不意味着完全退出社会，而是开启了一段参与社会的新阶段。虽然退休后，固定的社会分工不复存在，保持了几十年的上班、下班的规律生活已成过去，但这也是新阶段的起点。过去的时间多被工作占据，如今终于有了属于自己的从容。尽管在社会制度层面不得不服从退休规定，但在老年人的健康状况、能力条件允许和主观意愿前提下，他们完全可以从事许多力所能及的社会事务。

社会并没有完全剥夺老年人的发展权和发展的空间，而是鼓励老年人再就业，或参与各种社会活动继续发挥价值。事实上，现实生活中本就存在许多"退而不休"的现象。许多老年人在退休后选择继续工作、参与志愿服务、投身社区活动，甚至创业或从事文化艺术创作。这些活动不仅让老年人保持与社会联系，还能帮助他们找到新的生活意义与成就感。

退休固然意味着多重丧失，令人沮丧，但我们不妨换个角度来思考：第一，退休意味着结束了一种充满条条框框的生活，让我们更加自由；第二，退休意味着我们不再受一种职业角色的限制，而是有了许多选择，大可以担当几种不同的角色；第三，我们不必再为了考核、晋升而循规蹈矩，完全可以自由发挥。所以，退休未尝不是一种解放，我们因为退休而有了更大的社会参与空间和参与自由。

面对退休，与其烦恼忧心，不如坦然从容。既然退休意味着可以自由安排自己的生活，但为何许多人不愿意"回到家里享清福"？显然，参与社会并不是简单地"就想做点事"，而是有着深刻的生命意义。

研究表明，社会参与对老年人的健康长寿有着重要的作用。我们需要明确什么是健康。世界卫生组织对健康是这么定义的："健康是指身体上、精神上和社会适应上的完好状态，而不仅仅是躯体无病。"这里所说的"社会上的完好状态"，是指一个人的外显行为和内在行为都能适应复杂的社会环境变化，能为他人所理解，为社会所接受，行为符合社会身份，与他人保持正常协调的人际关系。简单地说，就是广泛而顺利地参与社会生活。

与居家生活不同，社会生活往往是有组织、有分工协作的，其特点是组织性与复杂性。研究表明，能参与较复杂的社会活动并运用认知能力进行选择，是长寿与充满活力的重要因素。

20世纪50年代，美国科学家启动了一项时间跨度达几十年的跟踪调查研究。在对65岁至75岁的人所做的首次调查中发现：一半的人的确参与了家庭以外的社交活动，他们普遍对生活感到满意，觉得生活有意义；仅11%的人忙于家务和日常琐事，没有参与新的、复杂的、花费精力的社会活动。在接下来的10年里，那些仍然活着的人，在日常生活中一直从事着复杂的活动，并始终保持积极心态与实际的社交活动。研究发现，那些10年后仍然活着的人和那些已不在人世的人之间，最重要的区别在于生活方式的组织性和系统性：仍活着的人的生活更有条理、更复杂。他们在最初接受测试时便显示了更加广泛的社会联系，更活跃、更乐观。

我们不难发现，那些与人交往频繁、积极参与社会活动的老年人身心更健康，生活满意度也较高。从客观上来看，老年人参与社会公益活动不仅对社会有益，对自己更有益。原因在于，扮演更多角色会使个体产生使命感、认同感和群体感，从而提升身心健康水平。老年人再就业或参与志愿工作，有助于实现个体生活角色的多元化。那些延迟退休或退休后继续从事有偿或志愿工作的老人，比退休后没有补偿角色和关系的老人拥有更强烈的幸福感。

行为的有组织性与生存之间的正向关联是有生物学依据的。老年人行为越有组织性，大脑的活动越复杂，出现对压力的病理反应以及导致健康风险的激素失调的可能性就越小。因此，科学家们建议老年人积极参与社会活动，以新角色取代因退休或丧偶而失去的角色，通过新的参与和新的角色，来改善因社会角色中断所引发的情绪低落，缩短自身与社会的距离。

如何度过老年？我们靠什么度过老年？这些问题的核心在于生命的意义、价值和尊严。我们必须明确，老年不是被动"被养"的岁月，而是可以继续发光发热的日子。

我们要避免"没有质量的长寿"。老年是一个相当长的生命历程，个体要过上有尊严的晚年生活，不能仅仅依赖外部的支持，还需要在自己心智能力尚处于较好状态时，通过独立自主的行为获得成就。这种自主性不仅是对生命的尊重，也是自我价值的实现。

个体可依赖的养老资源可以分为两类：一类是自我性、独立性养老资源，包括健康、知识、能力、经验、信仰、强大的内心和积极的生活方式，这些资源是老年人保持独立性与尊严的基础；另一类是外部支持养老资源，包括亲情慰藉、人际关系、社会互动、经济保障、照护关怀等，这些资源为老年人提供了必要的支持与保障。

我们可以将老年阶段分为低龄老年和高龄老年两个时期。个体刚退休时，其身体、精力和智力状况通常较好。这一阶段，老年人应积极投身社会生活，运用自己的知识与能力，通过再就业参与社会财富创造，或充分利用自己的经验参与社会公益活动，服务他人与社会。这样的老年人不仅能获得他人的尊重与社会的承认，更能找到生命的意义感与价值感。随着身体机能的衰退，高龄老年人可能需要更多的外部支持。然而，即使在此时，保持一定的社会参与仍然有助于提升生活质量与心理健康。

通过社会参与，老年人在服务社会的同时，也满足了自身对意义感与价值感的需求。这种"需要与被需要"的平衡，不仅体现在物质层面，更体现在精神层面。老年人通过参与社会活动，能够感受到自己仍然被需要、有价值，从而获得尊严感、价值感、安全感和满足感。

第20讲

排解孤独：绽放生命最后的诗意

在前面几讲中，我们一起探讨了什么是衰老和老年，以及面对老年生活时必然会经历的一些变化。不可否认，老年是个体生命的最后旅程，伴随着的不仅是看得见的种种衰退、衰弱、分离与丧失，更有许多看不见的、由个体独自承受的失落、孤寂与悲苦。然而，当我们看到朝夕相处的亲人或者身边的朋友踽踽独行时，怎能无动于衷呢？这一讲，我们将走进老年人的内心世界，洞悉他们的孤寂，感受他们的感受，真正为老年人的晚年旅程带去温暖和光明。

什么是孤独？孤独是指个体在与他人交往的过程中，在沟通或情感方面无法获得满足。在现实生活中，当个体被他人误解、排斥、疏远时，没有亲密伙伴，人际交往活动缺失，并因此长期感受到负面情绪，便会引发孤独感。

对普通人而言，孤独体验可能只是其与世界的一种联结方式，它丰富了人生经历；而对老年人来说，孤独却意味着他们似乎成了与这个世界无关的存在者，感到被世界遗弃。

林语堂对"孤独"做了一个挺有意思的解读："孤独这两个字拆开来看：有孩童，有瓜果，有小犬，有蝴蝶，足以支撑起一个盛夏傍晚的巷子口，人情味十足。稚童擎瓜柳棚下，细犬逐蝶窄巷中，人间繁华多笑语，唯我空余两鬓风。孩童、瓜果、小狗、蝴蝶，当然热闹，可都和你无关。这就叫孤独。"这不正是老年人的孤独处境与体验吗？人间的无限生机似乎与老年没有关系，这种孤独恐怕只有步入老龄的个体才能感悟与体验到。

老年的孤独，本质上就是个体走向衰老与死亡的内在经历与体验。衰老是死亡的实现方式，这一进程无人能够替代，也无人能够避免。加西亚·马尔克斯在《百年孤独》一书中写道："幸福晚年的秘诀不是别的，而是跟孤寂签订一份体面的协议。"

就个体生命走向终点的必然性而言，孤独是每一个人的衰老与死亡中不可回避的宿命；但就个体生命是一种关系生命而言，孤独却是个体不可承受之苦难。佛家所说的"老苦"，正是个体孤独老去之苦。人们体谅、理解老年人，帮助他们缓解这种孤老之苦，让每一个正在老去之人获得安抚与共情，以摆脱那种孤立无依的状态。这是人类与动物的本质区别所在，也是人性的内在本质与要求。

孤独根源于衰老中的丧失、分离与断裂。根据脱离理论（老年人减少参与理论），步入老年后，个体与社会的联系会越来越少，社交的数量和频率都在降低。加之科技的发展，生活更加智能化，满足个体需要的方式越来越多元，老年人越发容易与外界脱离。而身体功能的退化、生活方式和人际关系的多重改变，可能造成老年人适应不良，使他们感到无助、失落、孤独的风险攀升。

如何缓解老年人的孤独？

美国学者理查德·A.波斯纳在《衰老与老龄》一书中对老年人孤独现象做了深刻而严谨的分析。他指出，任何人与人的关系都是现实关系，来自夫妻、子女和其他亲属、朋友之间的人际关系，需要时间投入、其他费用以及各种努力，以确保获得更大的情感回报。对年轻人来说，许多关系是可以替代的，比如，一段婚姻结束后可以再婚，一段友谊结束后可以通过社交活动结识新朋友。然而，对老年人来说，婚姻关系和友谊关系一般具有不可替代性。一旦配偶或朋友去世，这种关系就结束了，因此相对而言老年人结婚和建立友谊的比例远低于年轻人，他们也更容易感到孤独。

造成这种情况的根本原因在于，老年人的交往圈子越来

小。他们既没有更多机会去结识新朋友，也没有足够的时间去
建立和经营新的感情。对他们来说，更重要的是已有的关系不
可避免地趋于减少与丧失。

在个体层面，老年人终有一天会面临丧偶失伴的问题。俗
话说"少年夫妻老来伴"，失去另一半带给个体的孤独是深刻
而长远的。在社会层面，老年人需要面对的则往往是老友的接
连逝去。老年人多是与同龄人交往，随着年龄的增长，老友之
间的联系会越来越艰难，且呈现递减趋势。研究表明，老友离
世对老年人造成的心理打击是异常沉重的。

在漫长的老年生活中，老年人常常面临严重的情感危机：
情何所依？情将归于何处？变老是一个漫长的过程。在这一过
程中，情感孤独成为老年人最突出的问题。这个问题表现在两
个方面：一是情感源头枯竭导致的情感荒芜孤独，二是情感流
向阻断导致的情感压抑孤独。这两者既是老年危机的深层原
因，也是其核心特征。其症结就是老年人的情感需求得不到
满足：一是他们从何处获得情感？二是他们的情感何处可以
寄托？

实际上，我们常说的"老有所依，老有所乐"，其最深层
次的内涵就是情感的依归与情感的愉悦，让老年人情有所依，
情有所托。那么，我们应该如何实现这一点呢？

最基本的一点是要从观念上让老年人感受到，他们的情感

需求不仅是十分正常的，而且应该得到更多的表达和尊重。我们应为老年人创造更加宽松的文化氛围，充分关注其情感需求。长期以来，尽管我们的文化强调敬老，但一些人对老年人的情感需求却持否定与轻视的态度。我们常常以刻板、负面的态度看待老年人，否认情感生活对老年人的意义，甚至认为老年人追求情感是"老不正经"或"为老不尊"。这种来自传统观念的压抑，正是老年人情感孤苦的重要因素。

《银发世代》的作者路易斯·阿伦森在书中提到，现代社会往往把老年隐喻为一种疾病，对步入老年表现出厌恶、恐惧，甚至隐含着贬损的态度。很多人在逐渐变老的过程中都会发现，社会不再关心他们的想法，他们似乎成了被忽视的对象。社会对老年的这种负面态度进一步加剧了老年人的情感孤独。

以婚姻为例，老年人对情感与生理的需求确实存在，但他们往往不敢轻易承认，这种压抑和矛盾让他们倍感痛苦。面对丧偶之后的情感空虚，老年亲密关系的重建和认可成为一个亟待解决的问题。要实现这一点，首先需要改变传统观念，解除对老年人的情感压制，积极地引导与建构老年人的情感生活，真正让他们情有所依，心有所乐。

老年情感生活的优劣在很大程度上取决于年轻一代如何对待家中的老人。近些年来，一些研究发现，成年子女，尤其是独生子女在接受父母经济和情感上支持的同时，却将家庭资源向后代倾斜。这种现象被学者称为"恩往下流"或"眼泪往下流"。子女往往忽视了父母的情感付出，也不太关注日益衰老的父母的情感需求。这种既没有情感输出也没有情感输入的状态，常常令老年人感到寒心。

央视曾有一则公益广告令人深思：一大家子聚餐，席间饭后，唯有两位端坐首席的老人面面相觑，其他人包括小孩都在埋头玩手机。与子女同住的老年人尚且面对如此孤独的处境，那些子女不在身边的老年人的孤独感更是可想而知。

因此，子女们需要主动进入老年父母的情感世界，关注他们的情感生活，及时了解并满足他们的情感需求。事实上，来自子女的关心与体谅对老年人来说是一种巨大的情感满足。对于老年人来说，任何外在的情感慰藉都无法代替来自儿女的温暖反馈。子女的陪伴、倾听和支持，能够为老年人的生活注入活力，缓解他们的孤独感。

然而，老年人自身也需要积极面对晚年生活，努力建构丰富多彩的情感世界。衰老是每个人不得不独自承担的命运，如何老去却是一个可以主动选择的过程。具体的答案因人而异，但有一个共同的诉求，那就是优雅地老去。优雅地老去的本质不仅在于个体的理性自觉，更在于情感的从容与内心的丰盈。让生命中的每一天都活得充实、滋润，这才是真正能够消解孤独老苦的良方。

　　丧失与分离常常让老年人感到与当下世界渐行渐远，孤独似乎成为不可避免的宿命。但换个角度来看，老年人若能以积极的心态看待孤独，主动向身边的人开放内心，他们的情感需求就会得到理解，而且会获得尊重与满足。当他们的情感世界因此而丰盈时，孤独便会悄然消散。

　　面对亲人的老年孤独感，我们应给予真诚、耐心和理解。多花一些时间陪伴老年人，倾听他们的心声，分享他们的喜怒哀乐，帮助他们度过孤独的旅程，这样，老年人能获得心灵的慰藉，我们也能在陪伴的过程中获得生命的自我丰盈。这种情感的互动与传递，是对老年人的关爱，也包含对我们自己未来老去后的心灵境况的一种美好愿景。

第
三
部
分

病

　　传说唐朝的良价禅师卧病在床时，有位弟子问道：
"师父有病，是否还有不病的体呢？"良价禅师回答说：
"有。"于是，弟子又问："不病的体是否看得见师父呢？"
良价禅师回答说："是我在看他。"弟子又问："不知老师
怎样看他？"良价禅师说："当我看他时，看不到病。"

　　这个禅的故事提示我们：人会生病，但不要为疾病
所困，这正是人类战胜疾病的智慧。

第21讲

体检焦虑：对生命脆弱与无常的深层恐惧

健康体检是近年来发展起来的一种对自身健康问题进行早期发现、早期干预的有效途径。它旨在帮助人们早期发现健康问题，从被动治疗转向主动干预，延缓疾病的进程或及时治愈疾病，维护身体健康。这一理念与中医倡导的"治未病"理念不谋而合。

对大多数人来说，两次体检之间的间隔通常为一年左右。通过定期体检，我们可以及时发现身体中潜在的问题。从医学的角度来看，这是一种基本可行且可靠的健康管理方式。然而，如果平时不注意，仅依赖一年一度的体检来维持身体健康，显然是不够的。体检虽然重要，但并非万能。

不管怎么说，体检无疑是一件好事。对于许多人来说，一年一度的单位体检本就是一项不错的福利，何乐而不为呢？令人意外的是，这件好事让不少人陷入焦虑。这种焦虑广泛存在于年轻人、中年人和老年人之中。过度的焦虑情绪使很多人陷入无休止的担忧与恐惧之中。

许多人担心体检会揭示可怕的结果。每到体检时，他们便感到极度焦虑，总觉得自己会被查出很多疾病，因此对体检充满恐惧。这是一种普遍现象。比如，体检报告中的某些术语或异常指标，往往会引发人们的联想，进而产生焦虑。有人在体检中发现癌胚抗原比正常参考值略高一些，便高度紧张，怀疑自己是否患有恶性肿瘤；有人体检时发现肺部有结节，便开始怀疑这是肺癌的前兆。正如一位网友所言："每次看到体检报告上的异常指标都很有压力，感觉自己有一堆健康问题，又不知道该挂什么科室的号，通过网络搜索到一些信息又不知道该不该信，简直是给自己添堵。"

体检所提供的参考数据似乎在无形中增加了人们对"可怕结果"的担忧。众所周知，体检标准是基于医学数据与科学计算得出的理想的健康指标。在医学标准面前，每个人的体检结果都可能存在某些异常。这种个体体检结果与"完美标准"之间的差距，往往让人感到不安，甚至产生不必要的焦虑。

随着许多疾病的年轻化，越来越多的年轻人也开始出现体检焦虑。中国青年报社社会调查中心联合问卷网2021年发布的一项针对1144名青年的调查显示，有45.2%的受访青年表示害怕参加体检，其中"95后"受访者的比例最高。

年轻人为什么如此害怕体检？主要原因是不健康的生活方式导致他们对自己的健康状况缺乏自信。比如，随意的作息安排、过度的体力消耗以及生活中的放纵行为等让他们对自身健康处于不自觉的状态，"熬最长的夜，敷最贵的面膜"几乎成为年轻人的常态。工作生活压力大、缺乏锻炼、饮食不规律等诸多因素，使得许多年轻人身体处于亚健康状态，产生"害怕体检"的情绪，甚至认为"只要不体检，就不会有毛病"。这种心态近乎"鸵鸟哲学"。

于是，人们陷入了一种矛盾：一方面希望通过体检发现潜在的疾病风险，防患于未然；另一方面，又害怕体检结果揭示自己不愿面对的问题。

那么，体检焦虑的实质是什么？

体检焦虑的实质是人们对生命脆弱与无常的深层恐惧，是对未知的恐惧与对最坏情况的臆想。现实中的诸多案例都在告诉人们生命是多么脆弱与无常：有时候，一个熟悉的人前次体检还一切正常，却突然被确诊癌症；有人平时身体非常健康，却突发疾病不治身亡；还有人身体强壮，却在毫无先兆的情况下病倒，一查便是癌症晚期……这些所见和所闻的事例往往让人产生联想，进而引发恐惧与焦虑：同样的情况会不会发生在自己身上？

实际上，体检并不能防止疾病，也无法从根本上消除疾病。体检的意义在于将个体对疾病的防治提前一步，避免等到疾病严重时才去求医问药。体检的目标不是纠结于小毛病，而是预防生死攸关的最坏情况。如果我们定期进行必要的体检，就能在病魔面前采取主动，及时干预。

体检焦虑的根源在于人们对疾病与死亡的回避与抗拒。在体检中，我们接触到两种截然不同的观念：一种是医学的观念，另一种是生命的观念。

医学观念关注的是数据、指标和疾病风险，它拒绝疾病和死亡，将人的身体状况简单地划分为健康与不健康，符合医学标准的便是健康的，不符合医学标准的就是不健康的，不健康的便是有病的或者有疾病风险的。

从医学的角度，疾病被分为可治愈和不可治愈两大类，"可治愈"体现医学所达到的成就，"不可治愈"则暴露了医学的局限性，这种局限性或许在未来能够得到解决。医学将疾病视为健康的大敌，将死亡视为失败与耻辱。因此，医生常常在死亡证明书上写："经抢救无效死亡。"在医学的观念中，疾病是对生命的破坏与干扰，医学的目标不仅是尽快消除这种干扰，还试图通过预防手段最终消灭疾病。

医学的这种观念否定了疾病与死亡的内在必然性，无形中强化了人们对疾病的回避与抗拒。从生命的角度来看，疾病是人无法抗拒的宿命。人会生病，这是必然的。现实中的生命都是具体、有限的存在，本质上就是有死的存在，而疾病正是死亡得以实现的基本途径。在现实生活中，我们也普遍将疾病导致的死亡视为正常死亡。事实上，全世界每年死亡的人绝大多数都是死于各种疾病。

尽管如此，生什么病、何时生病及疾病的严重程度等，却都是偶然的。医学致力于延缓疾病的发生、减轻疾病的严重程度，并尽可能避免一些棘手的疾病，这是重要且必要的。通过医学手段维持生命、延缓死亡，体现了人类的伟大。医学的意义正在于在疾病的偶然性方面大有可为，而非试图改变疾病的必然性。

我们在不接受必然生病的前提下，难免受困于未知与无常等偶然性因素，结果对体检的期望是如何不生病，但体检又总在提醒我们这样不正常、那样不健康。于是，我们越是害怕结果不好，越是会看到自己害怕的结果。

如果我们在内心深处充分认识并接受生病的必然性，反而能够有效地利用体检来预防和延缓疾病。体检的真正意义在于帮助我们了解身体状况，及时采取干预措施，而不是让我们陷入对疾病的恐惧与焦虑。

那么，面对一年一度的体检福利，我们为何还要焦虑呢？

大可以放轻松些，好好利用这个机会。所谓生老病死，疾病是人生的重要组成部分，无人能够避免。因此，认识疾病、了解疾病、学会与疾病相处，是我们应有的态度，也是生命的学问，值得我们每一个人去深入探讨。

第22讲

病的本质：生命有限的具体表现

之前我们提到体检焦虑，其实质是对疾病和死亡的回避，根本原因在于人们对疾病的认识普遍存在一些误解。比如，我们总认为疾病防不胜防，这是最令人恐惧的地方。我们从未意识到，无常本就是生命的另一面，疾病不过是生命无常与脆弱的具体表现形式而已，这正是疾病的本质所在。再比如，每次生病，我们都将注意力集中在寻找病因并消除它，以期不再生同样的病。我们很少深入思考：人为什么会生病？种种认识上的误区往往导致人们在面对疾病时内心恐慌焦虑。

这一讲，我们便来探讨疾病的本质与根源。

首先，要明确生病是生命的常态。

回到现实中，我们不难发现，许多人的日常生活过得井然有序，但一旦患病便惊慌失措。显然，这种心态极不利于身体康复。那么，如何才能坦然面对疾病？

清代学者李光庭在他的《乡言解颐》中有一段很精辟的论述。他说，神农教人们种五谷、尝百草，还懂得善食者能以五谷养人，不善食者则可能因五谷得病。结论是：人吃五谷杂粮，哪有不生病的道理？正如民间谚语所说："食五谷，生百病。"可见，得病是人生不可避免的常态。现实告诉我们，一个人什么时候得病、得什么病、病情的轻重等，这些都是偶然的；但人会生病这一点却是必然的。世界上不存在永不生病的"金刚不坏之躯"。

实际上，只有当一个人对于"人总会生病"这一事实有深刻认知并深信不疑时，他的内心才会足够强大，才能够做到"处病不惊"。对他来说，疾病并不意外，他能够从容面对自己的病情，冷静有效地制定对策。

疾病的本质是死亡的实现方式。

人生病的必然性是由疾病的本质所决定的。疾病的本质就是人的必死性，疾病只是死亡的实现形式。在现代社会，正常死亡通常是指因病死亡。从人口统计学的角度来看，死亡分为自然死亡与非自然死亡两类。2020年国家卫生健康委公布的数据显示，2019年我国因慢性病死亡的人数占总死亡人数的88.5%。而个体的生命末期，人们常称之为"疾病末期"。正如法国学者福柯所说，疾病使生命在死亡之中找到了它最独特的表现形式，打开了一个微妙的视角。疾病是生命牺牲的形式，生命的意义在死亡中结束。

然而，在现实生活中，疾病的本质常常被掩盖了。"人总会死"这一命题没有人否认，但它是一个抽象的概念。只要我们还活着，死亡似乎就离我们很远。但是，疾病并不等同于死亡，人的一生会生多次疾病，而且往往是不同的疾病。正如法国学者康吉莱姆在《正常与病态》一书中指出的："我们更关心的疾病，是一定的疾病可能突然降临到我们身上的那样一些疾病，而不是疾病本身，因为疾病的突然降临总是比疾病的复杂化来得更多些。"准确说来，我们的关注点往往是各种疾病症状，而非疾病本身。例如，当我们感冒时，我们关注的是发烧、咳嗽及头痛等症状；当面对其他疾病时，我们关注的也是具体的症状对生活的影响。我们深知这些症状的危险，并致力于消除这些症状，但很少去思考疾病的本质与意义。

在人们的观念中，生命体验最直接而又似乎最真实的部分是疾病体验，而非死亡体验。疾病与死亡在很多人看来没有内在联系。因此，真正的敌人似乎不是死亡，而是疾病，疾病的可怕才是人们需要面对的现实。

医学不断地向人们承诺可以战胜疾病，使得人们不愿面对不可避免的死亡。这正是导致现实中医患关系极度紧张的深层原因。一方面，人们不愿意接受死亡；另一方面，医学也不承认死亡的必然性。如果病人去世，往往被归因于医疗行为的失败。例如，一些医生常常在居民死亡医学证明（推断）书中写道："死者生前患有……导致多器官功能衰竭，经抢救无效死亡。"这种表述进一步强化了人们对医学"战胜"死亡的期待，而忽视了死亡作为生命终点的必然性。

人类对抗疾病并不止于消除疾病症状，而是要消除病因。只有消除致病原因，才能真正消除疾病。这是医学带给人类的执念。这种执念是否能够从根本上解决问题？疾病的根源究竟是什么？人类是否能够彻底消除疾病？

在古朴观念中，生病的原因被归结为妖术、魔法或者中邪。例如，中国古代先民认为生病可能是因为中邪，因此形成了许多驱邪的习俗。长期以来，人类对疾病的归因多集中在引发疾病的致病因素上，并试图消灭这些因素。医学的发展正是以此为使命，无论是临床医学还是公共卫生学，都致力于消除致病因素。

人们对疾病最常应用的定义是"对人体正常形态与功能的偏离"。疾病分为外感之疾和内伤之病。常人所谓的"疾"，是指风寒、传染病等外来因素引起的种种身体不适。汉字"疾"由一个病字框和一个"矢"字组成，"矢"就是"箭"，象征着外来的侵害，就像有人朝我们放冷箭，这就是外因导致的疾病。所谓"病"，是指生物体发生不健康的现象。汉字

"病"由一个病字框和一个"丙"字组成。在中国传统文化当中，"丙"代表火，在五脏中对应心。因此，"丙火"也可以称为"心火"，心里感到不适，有火，人就得病了，这是内因导致的疾病。内因与外因的结合，构成了疾病的完整含义。

从医学的角度看，疾病是对生命的破坏，也是对健康的干扰与破坏。因此，人类不仅试图尽快地消除这种干扰与破坏，还希望通过预防手段最终消灭疾病。然而，致病因素只是表明哪些因素导致疾病的发生，并不能解释疾病的根源。

从哲学的角度看，疾病是一种根本的生命现象。人生病不应简单地理解为"让人生病"，其根源在于人自身的内在冲突与不完整。疾病不仅是身体机能的失调，更是生命内在矛盾与失衡的体现。它提醒我们，生命是有限的、脆弱的，而疾病正是这种有限性与脆弱性的具体表现。

在辩证法看来，生命就是一系列矛盾运动过程，人类早期的医学与哲学都表达了疾病根源于生命内在冲突的思想。《黄帝内经》从阴阳的角度来研究身体，认为宇宙万物在阴阳关系中处于自然平衡的状态。阴阳失调即生病，这是中医的核心观念。要保持人体健康，关键在于调理阴阳，使之恢复平衡。西方医学之父希波克拉底也认为，健康是躯体内各功能的稳定及身体各方面的平衡。如果这种平衡遭到了破坏，就会产生疾病。

生命的冲突基本表现为三个方面，很多疾病的原因都可以从中得到解释：一是人与自然之间的冲突，比如，风寒等均源于机体与自然环境之间的不和谐，而非典和新型冠状病毒感染则是人与自然之间的长期冲突的结果；二是个体身心之间的冲突，我们关于身心疾病（如由心理压力引起的身体疾病）与心身疾病（如由身体疾病引起的心理问题）的分类，直接表达了身心冲突在疾病归因中的作用；三是人与人之间的社会冲突，美国学者凯博文通过长期的研究指出，个体的损失、经历的失败、遭受的不公正、冲突等，都会通过生理疾病的方式表现出来，而大部分心理疾病更是直接源于人与人之间的冲突。

由此可见，生命的内在冲突是长期而普遍存在的，疾病只是其必然的表现。完整无缺、没有冲突的人只存在于医学的假想之中，不过是一个被科学想象出来的标本而已。试想一下，什么都不缺的人岂不是完人？既然人总是缺这缺那，生病便无法避免。实际上，医生的忠告无非是"你缺少点什么，需要补什么"。显然，医疗行为的最终目的并非消灭疾病，而是力求使身体处于内在的平衡与和谐。

值得注意的是，人的生命本质上都是自我的存在。我们都清楚，造成自身内在冲突的正是我们自己。我们的欲望、生活方式以及我们与世界的关系等，总是在有意与无意中制造生命内在的冲突与不和谐。因此，只有当我们做到人与自然、身与心、自己与他人真正和谐时，才能获得真正的健康。当然，这是一个长期的过程，也是生命自我完善的过程。到那时，疾病便不再是灾难，而是自我生命成熟的内在驱动力。

那么，如何让疾病驱动我们成长？或者说，疾病是如何驱动我们成长的？这是我们下一讲要探讨的话题。

第23讲

向病而生：自我的成长与升华

　　既然疾病是死亡的实现方式之一，且根源于生命本身，那么疾病便是生命存在与发展过程中不可避免的一部分。既然疾病无法逃避，我们不如正面迎击它。这样，我们不仅能获得战胜疾病的力量，还能把疾病当作一种机会，用它来审视自我与生命的关系。在这里，"向死而生"便是"向病而生"。

　　在这一讲中，我们将从正面探讨疾病对个体生命完善的本质意义。

　　首先，我们要清楚人为什么会有内在冲突。

　　人的生命本身犹如一个小宇宙，是一个复杂的系统。人又是宇宙的观察者。世界是通过"我"的眼睛呈现的，因此，"我"眼中的世界是经过"我"加工的世界，而非自然自在的世界。"我"究竟是什么？我们可以从汉字"我"的原始字义来分析。"我"是一个会意字，从"戈"，甲骨文字形像兵器形，本义为兵器，有操戈之意，对"我"之外的东西是充满敌意的，是排斥的。由此可见，第一人称"我"的片面性与分辨心是固有的，这也表明了超越自我之难。

以"我"的视角来看世界，自然难免有欲望与偏好。我们总强调所欲、所喜及所思的一切，而忽视不欲、不喜与不思的一切。结果，世界被一分为二。正如《疾病的希望》一书中所说："作为微观宇宙的人，意识中隐含着宏观宇宙的所有原则。但因为人基于他的两者择一的决定能力总是只认可原则的一半，而另一半就进入了阴影，不能被人所意识。"于是疾病所代表的事物便被隐藏在生命的阴暗面，甚至被刻意回避和拒绝。"人在意识中也为自己划了界线，由此产生了我和你的分裂。"人只认识到自己界限里的统一，"一个自我越是给自己划界，它就越是失去对整体的感觉，而它始终是其中的一部分。"

任何人活着都是从他的自我出发，这个自我总是追求权力。人们说的每一句"我就是要……"都是这种权力欲的表现。"我"是靠与别人划清界限生活的，因此就害怕失去自我。"我"在做决定时，形成极端的一极，并把由此产生的阴影推到外部，推到"他"身上，推到环境上。于是，疾病从与生命内在统一转而成为与生命对立，成了我们必须消灭的事物。

然而，生命的运动总是不以"我"的意志为转移。于是，生命的另一面以令人畏惧的方式呈现出来，疾病便是这样。在自我的意识中未被察觉的力量，通过身体上出现疾病症状的方式，确证其存在的必然性。《疾病的希望》一书中写道："人总是通过症状去体验和实现他本不愿意体验的东西。这样，症状就弥补了所有的片面性。"疾病对自我生命完善的驱动是以造成苦难甚至死亡的方式体现的。而且，来自疾病的苦难并非一过性的，而是一次又一次地重复，有些还是长期的。疾病通过痛苦与不适，迫使我们重新审视自我与生命的关系，弥补我们意识中的片面性，推动我们走向更完整的生命状态。

贾平凹曾说："当你病上一次，就懂得了人性。"美国学者凯博文在《谈病说痛：人类的受苦经验与痊愈之道》一书中也写道："没有任何东西像严重的病痛能使人集中感受，并澄清生活的主要状况。"每一次生病，我们在经历病痛折磨后康复，但当我们以为从此平安无忧时，疾病不知躲在何处对我们虎视眈眈，这种不确定性往往令不少人深感悲哀。然而，唯有那些敢于承认疾病和人体的逐渐虚弱与死亡是生命难舍难分的忠实伙伴，并且勇敢地承受它们的人，才很快会体验到，自己这一生并不会以绝望而告终，相反，他们会发现它们是智慧而乐于助人的，会不断地帮助人找到真正的、健康的道路。

人生之路是从灾难走向拯救的道路——从疾病走向治愈和健康。在这条路上，疾病并不是由疏忽引起的讨厌的干扰，相

反，疾病本身也是一条使人们走向拯救的道路。我们从疾病中遭遇许多磨难，同样，也可以自疾病中获得启迪。经历了大病洗礼的人们，无不表现出谦逊平和。疾病令人成长。我们常说"大难不死，必有后福"，正是指我们会收获心智的成长与完善。

疾病究竟会对我们产生怎样的意义？

疾病让个体重新认识生活。在疾病状态下，人最切身的感受是"我病了"。虽然疾病带来百般痛苦，令人本能地抗拒，但它同时也为个体打开了生活的另一扇门，使其洞悉生活的真相。实际上，疾病为个体提供了一个重新审视生活的契机。疾病不仅是生物机体上的一种消极现象，更是一种积极的、创造性的经验。疾病并非健康维度上的简单变化，而是一种新的生命维度。正如康吉莱姆所言："疾病不仅仅是某种生理秩序的消失，还是某种新的生命秩序的出现。"

美国著名品牌花花公子的创始人休·赫夫纳60岁时患上了轻度中风。他坦言，这次中风成为重新塑造他的契机："多亏了这次中风，它给了我放下生活中的包袱的借口，不再试图向自己或他人证明什么。如果继续按别人的看法生活，即使是以反抗的形式，也还是一种有局限性的生活方式。我试图证明什么？重要的是生活，是构成你真正生活的那些联系，"他说，"使我和所有人感到惊讶的是，我人生的秋季过得有滋有味，中风使我领悟到'你唯一真正拥有的是生活本身'。一旦认识到这一点，你便能尽情品味生活，品味它的一切。你不用使它复杂化，你可以接受发生的一切。"

疾病将自我打回原形，还是帮助其回归真我？

现代人忙碌于世俗事务，沉浸在形形色色的感性世界里无法自拔，并常常因此而感到懊恼。然而，某一天突然生病，却会让个体开始透过生活中的种种假象，领悟到什么才是最真实的。

疾病就像一堵无形的墙，将个体与别人以为重要的事物隔离开来。很多人是在经受不治之症的打击之后，才第一次试着去厘清自我。"正在受难的到底是谁？"这个问题通常会让我们明白：自我的一部分是不会随死亡逝去的，它会一直存在，直到永远。当我们开始卧床不起，富人穷人、高官百姓、医生或演员，这些身份通通都不再重要时，我们必须问自己这样一个异常重要的问题："如果这些身份与我无关，那我是谁呢？"

我们无不庆幸能从病魔手中夺回生命，更是从"劫后余生"中悟出生命中什么才是最重要的。我们曾经拥有的东西，比如漂亮的外表、傲人的身材以及感官的快乐，一旦失去便令我们深感难堪。我们无法接受自己变得丑陋、变成残疾人或失去感官的快乐。然而，谁都知道，这些东西终将逝去，或者因为衰老，或者因为疾病，或者因为意外，没有人能够永远拥有。大病一场之后，我们大多懂得放下，放下那些外在的、感官的和非本质的东西。这就是《人间生死书》中所说的"剥离冗余"——我们不断地放弃多余的东西，最后剩下的就是真正重要的东西，就是真正的自我。

当我们最终找到问题的答案时，才能如释重负地回归内在的自我。

疾病经历无疑是一次死亡提醒。它不仅带来身体上的痛苦，更常常引发个体对生命的哲学思考，尤其是大病之后的"隔世感"。那些经历过重病的人，往往深刻体会到了生命的脆弱与无常。在病程中，他们更多地领悟到生命中最值得珍惜的东西，以及生命的意义所在。大病初愈，这种体验类似于一种"濒死体验"，促使个体重新审视当下的人生，进而对生命的意义产生新的认识，获得一种前所未有的精神升华。

当代作家贾平凹说过："只有病了你才知道生命的虚无。"托马斯·曼在《歌德与托尔斯泰》一书中指出，"疾病具有两面性，它对人以及人的尊严有着双重影响。一方面，疾病具有敌对性：它过分强调肉体，使人不得不依赖肉体，因而可能导致人的非人性化。但另一方面，疾病也可以被视为一种更高层次的人类现象。人的尊严恰恰能在疾病之中显现；患病的天才可能比身体健康的天才更富有人性。"

由这些观点可以看出，如果仅从狭隘的视角来看，疾病无疑是一种破坏性的力量。但如果从生命整体的角度去审视，疾病也可以被视为一种建设性的力量。既然疾病是每个人生命中不可避免的一部分，我们何不以一种积极的态度去面对它？或许，通过尽可能降低疾病的破坏性，并最大限度地发挥其建设性，疾病在病程中就不会显得那么可怕了。

那么，如何学会与疾病相处？这将是我们下一讲要深入探讨的话题。

第24讲

安乐病：生命以病吻我，我要报之以歌

承认疾病存在的内在必然性，并赋予疾病应有的正面意义，并不是意味着屈服于疾病，而是为了更好地驾驭它。从个体生命的角度来看，疾病如同世间万物一样，具有双重性：一方面，疾病是人类生命与健康的大敌，我们必须毫不留情、千方百计地预防它，消灭它，战胜它；另一方面，疾病是锻炼和提高人体免疫力的一个条件和机遇，我们必须重视它，研究它，并善于利用它。这种辩证的、科学的态度，能够帮助我们更全面地理解疾病与健康的关系。

在这一讲中，我们将探讨如何与疾病相处。

首先，我们需要明确健康观以及健康与疾病的关系。世界卫生组织对健康所下的定义是："健康是指身体上、精神上和社会适应上的完好状态，而不仅仅是躯体无病。"这是一个比较严谨的定义，它强调了健康的三个维度：首先，健康并不是不生病，而是能够从疾病中自行修复；其次，健康并不仅指身体状况良好，还包括心理健康；最后，健康并不是静态的指标体系，而是一种动态的、全方位的状态，涉及个体在社会中的适应能力。

传统健康观念的核心是一个人生理功能状态良好，没有疾病，对心理健康和社会适应能力则较为忽视。这种"生物学"的健康观是片面的，无法全面反映个体的生命状态。

在现代社会，技术主义背景下，医学数据成为衡量健康的常用标准。这种观念导致人们普遍对体检结果感到焦虑，过度依赖医学指标。因为生活在对疾病的恐惧中，对现代医学技术的期望值过高，定期做体检，定期做各项癌症筛检，并被医学发布的各种疾病指标、数据搞得神经紧张，人们时时刻刻关注自己的血压、血脂、尿酸和血糖等，任何一项指标的变化都可能引发恐慌。

一旦检查发现某项数据超标，有些人会集中精力从饮食、作息等方面刻意努力以将指标降下来，甚至不达目的不罢休。然而，结果往往是某项指标降下来了，其他指标不达标了。这种孤立与片面的健康观念，将健康与疾病置于绝对对立的状态，导致健康目标难以实现，人在疾病面前越来越被动。

实际上，健康与疾病是人的身体运行状况的一体两面。《疾病的希望》一书的作者指出："生病属于健康，就像死亡属于生命一样。"疾病并非健康的对立面，而是生命的一部分，它提醒我们关注身体的平衡与修复能力。

我们要认识到，生命自我完善的内部动力恰恰来自疾病。疾病的作用在于促使生命机体不断地调整、提升自己，从而表现出对环境最大的适应性。从某种意义上说，健康对生命的意义在于将某种有效的存在状态明确下来并予以强化，而疾病则是对这一状态提出挑战、制造威胁，迫使机体不断地自我更新，以适应新的挑战，并因此获得进化与完善。

从唯物辩证的角度看，健康本身没有一个绝对的标准，而是相对于疾病才得以界定的。健康需要疾病作为它的对立极。如果没有疾病，又何谈健康？反之，如果没有健康，自然也谈不上疾病。这就是生命存在状态的一体两面，我们必须树立一种科学的健康观。

现代健康观念强调"主体健康"，即每个人都是自己健康的第一责任人。这一理念是"健康中国"的核心理念，它要求人们把注意力从偏重治疗（并非治疗不重要）转向积极地预防和保健，从依赖医生转向由自己把握健康的命运。

这种观念也体现了人与疾病有某种此消彼长的规律。用民间的话说，"疾病像弹簧，你弱它就强"。这表明，人与疾病之间客观存在着一种内在的张力：疾病对人的影响可大可小，而这很多时候取决于主体自我。

尽管现代医学取得了长足的进步，但在个体疾病的治疗中，医学的作用实际上十分有限。临床医学有一个著名的"三个三分之一定律"，即：三分之一的伤病治不治都能好，如感冒、轻度外伤等，靠自身的抵抗与自愈能力就能好；三分之一的伤病治不治都好不了，比如晚期癌症、严重外伤等；三分之一的伤病如果诊断及时、治疗正确，医疗手段能带来有益的转归。

我国著名学者韩启德曾提出："医学并非如人们想象中的那么全能，医疗对人的健康只起8%的作用……"这一事实表明，医学作为一项技术，其作用是十分有限的，更多的还是依赖于患者自身的态度与应对方式。作为自己健康的第一责任人，个体在疾病治疗中的作用是决定性的。无论疾病大小、轻重，我们都应该始终以积极、正面的态度去看待与面对疾病，做到"眼中有病而心中无病"。

那么，我们究竟应该怎样与疾病相处呢？这里就得提到一种"安乐病"的疾病观。安乐病并非想得病或享受疾病，而是能够正面地理解疾病，以健康的心态对待疾病。在病程中，患者保持着积极的人生态度，能够妥善处理疾病与治疗、自己与家人、自己与社会的关系。"安乐病"的患者对疾病的适应性强，自我调节能力强，对疾病的焦虑程度低，其医疗效果也相对良好。

首次提出"安乐病"概念的是美国学者列文森和澳大利亚学者布朗。布朗等人对加拿大215名慢性疾病患者进行的研究发现，患者对疾病适应和调节水平与医疗服务费用之间存在极强的相关性，而与疾病严重程度却关系不大。适应最差的病人需要医疗关怀服务的费用比适应最好的要高75%。列文森等人在美国也证明了这一发现：焦虑和抑郁程度较高的患者，其平均住院日和住院费用分别比那些心理、病理和疼痛水平较高但适应良好的患者高出40%和35%。这些研究表明，患者的心态和适应能力对疾病治疗的效果和医疗资源的消耗有着重要影响。"安乐病"的患者不仅能够更好地应对疾病，还能减少医疗资源的消耗。

在所有疾病中，癌症无疑是最令人恐惧的病魔。然而，在所有抵抗疾病的故事中，抗癌故事也最能给予人们精神鼓舞。那些已经被医学宣判"死刑"的癌症患者凭借惊人的意志力战胜病魔的事迹，一直在被人们广泛传颂。不过，如果深入了解这些抗癌英雄的内心和经历，我们不难发现，最重要的并非奇迹般的治愈，而是他们面对疾病的正常心态。

这种正常心态可以概括为："生病是难免的，谁都会生病，只是我的运气差了些。不过，既然得了病，也不必太过害怕，害怕也没用。"民间有"被病吓死"一说，虽然不够严谨和科学，但也说明了心态和情绪在疾病治疗中的重要性。这种正常心态的深刻内涵，正是对死亡的坦然接受："死我都可以接受，这个病算什么？"正是这种心态，使得个体能够以良好的精神状态配合治疗，从而获得更好的治疗效果。

说起抗癌故事，我们需要对"抗癌"两个字重新做出诠释。癌症是致命的，自然是我们的大敌，我们必须战胜它，"抗癌"意味着不向癌症低头妥协。然而，俗话说"病来如山倒，病去如抽丝"，在漫长的病程中，那种"如临大敌"的对抗与紧张情绪无疑会增强焦虑情绪，反而会加剧焦虑，导致适应不良，难以达到预期的治疗效果。

相反，如果患者与疾病之间不是一种紧张的对立状态，而是一种平和的共处状态，即"既来之，则安之"，患者从内心深处接受疾病带来的磨难，或许能获得战胜病魔的力量。因此，"抗癌"的实质并非一味地与癌症对抗，而是在精神上真正与癌症共处，从内心深处降伏它。这种平和的心态，正是那些抗癌故事的精神实质。

建立起"安乐病"的疾病观，我们便能更好地处理病程中的种种关系，治疗与康复也能更接近预期。

"安乐病"最重要的，就是不让疾病控制自己的身心。一个病人如果在漫长的病程中整天忧心忡忡、无所作为，疾病就完全控制他的人生。相反，能够在病程中努力调动自己身心的人，才能真正掌控自己的疾病。正如史铁生所说："世界以痛吻我，我要报之以歌。"

于光远先生在《生长老病死》一书中，回忆了他生病住院的经历。他提到有一次住院时恰逢春节期间，他说："我想应该让自己高兴高兴，禁不住想在病室里布置一番，使它充满节日的气氛。"在他的"疾病实践"中，他总结出一条经验，那就是"多想工作，少想病"，通过保持良好的精神状态来减轻病痛。他最怕无所事事。即使卧床住院，哪怕找材料、研究问题都很困难，他也会动手写回忆文章。他的言行充分体现了一个疾病面前的智者形象：不为疾病所困，而是以积极的态度面对生活，用行动和思考来超越病痛。

面对疾病，我们要学会及时调整自己，以"我心"医"我病"，这才是对待疾病的根本之道。疾病固然会带来身体上的痛苦，但我们可以通过调整心态和行动，减少疾病对生活的负面影响。在此基础之上，我们才能够优雅从容地迎上去，保持理智与尊严。

第25讲

尊严危机：活着即是生命的意义

在第一部分中，我们谈到生命的尊严，强调生命理应受到尊重。尊严的本质是人格尊严，它以生物生命为基础，但又超越了生物属性，体现了人相对于其他动物的独特性。尊严的核心在于我们能够控制自己的身体和大脑，宣示对生命的自我主体性。然而，疾病的客观必然性常常使我们陷入"我控制不住我的身体""我无法支配我的大脑"之类的困境。对生病的人来说，这其实是一种人格受损的体验，尊严危机在所难免。那么，我们应该如何面对疾病中的尊严问题？这一讲，我们将探讨疾病与尊严的关系。

我们的身体是我们存在于世的基础与表现。世界上任何东西都可能不属于"我"，唯独身体是属于"我"的。个体的快乐、幸福离不开身体，身体是快乐的基础与源头；大脑是自我人格的物质基础，也是"我"之所以为"我"的独一无二的身份标签。除了我们自己，谁能控制我们的大脑与思想？

然而，因为生病，我们可能遭遇到或大或小，或轻或重的尊严受损。尊严是生命内在的本质要求。疾病会导致生命尊严受损。

怕生病是人之常情。但是，人怕的不是疾病本身，而是疾病对身体造成的伤害以及病程中尊严受损的体验。疾病造成的尊严危机有两个方面：一是治疗疾病引起的尊严危机，在治疗过程中，身体被物化与异化，患者可能感到羞耻、无助，甚至感觉被剥夺了主体性；二是疾病结果造成的尊严危机。

首先来看看病程中的尊严危机。这是身体器官被物化与异化的危机，疾病可能导致身体功能丧失或外貌改变，进而影响患者的自我认同和社会关系。

在健康状态下，我们忙碌而有序地生活着，身心和谐，自由自在。然而，一旦生病，我们便被拖入一个完全不同的世界。疾病往往给人带来无限想象的可能，而处在病痛中的患者常以一种与常人不同的眼光来审视这个世界。正如美国学者图姆斯在《病患的意义：医生和病人不同观点的现象学探讨》一书中所说："生病代表一种'有限处境'，在这一处境中，躯体被理解为物质的、生理的存在和为他人的存在。"

图姆斯还说："一个人只有在生病时（而不是健康情况下）

才能明确体验到躯体的'隐匿性'和'异己性'存在。"就如同你想伸腿、动脑子或者深呼吸等,这些是多么自然而然的事情,但现在腿不听使唤,无法控制大脑,不能自主呼吸……所以,我们会发现,当人患病的时候,躯体似乎与人的意识发生了分离,被当作一个客观存在,不是"为我的"存在,特别是当一个人患上较严重的疾病以后,身体失控了,他所面临的是一个无序和失控的自我世界。所以,病人往往表现出一种矛盾情感:明知自己生病却不承认自己有病,这反映了人本能地对身体疾病状态的排斥。

当患者接受检查时,因需要脱衣而暴露了布满丑陋疮疤,或遍布红斑、银屑病皮损的身体时,可能会产生羞耻、痛苦、生气、自卑等复杂情绪。这些情绪作为疾病体验的重要组成部分,很可能对患者的整体生活体验、疾病发展进程以及治疗反应产生影响。

疾病常常将身体的某一器官推向一种矛盾的状态:一方面,机体的运行本能地依赖这一器官;另一方面,疾病又迫使身体与这一器官产生疏离感。这种矛盾就像两种力在拉扯,造成了患者对身体的失控感——自己的身体不听使唤,这种体验让人感到尊严受损。

此外,疾病还可能导致一种"身体的无意义感"。在医疗过程中,患者面临着一个突出的矛盾困境:身体器官在本质上有意义，但在疾病状态下却丧失了实质意义；医疗手段虽然具有实质意义，却缺乏本质意义。这种矛盾进一步加剧了患者的尊严危机。

所谓本质意义，是指身体器官的活动是"我的机体"的运动，并且能够为我们所感知与体验。例如，肠胃对食物的吸收不仅是一种生理功能，还伴随着快感和满足感。食物经过食道进入胃腔，产生一种饱腹感，这是生命的运动，也是本质意义的体现。

实质意义是指身体器官对生命整体的维持所产生的功能意义。例如，肠胃的实质意义是消化食物、吸收营养，以维持身体的正常运转。

前者是心理上的，后者是生理上的。在疾病状态下，身体器官发生病变或者功能受损可能导致其实质意义的缺失。为了维持生命，医疗手段不得不暂时替代这些器官的功能。例如，无法经口腔进食时，只能通过喂食管、造瘘或静脉注射营养液来维持生命。此时，肠胃的本质意义（饱腹感和进食快感）消失了。同样的道理，对于泌尿系统疾病，采取人工导尿管排尿，泌尿系统的实质意义被替代，其本质意义（自主排尿的体验）也丧失了。这种身体异化必然带来尊严受损的体验。患者不仅失去了对身体的控制，还失去了身体器官相关的本质意义，进而产生一种"无意义感"。

医疗器械的存在，虽然为疾病的治疗提供了必要的手段，但它们却是一种"非我性"的存在——我们完全无法控制它们。试想一下，我们的生命及其运行过程不受自己控制，这是不是很荒唐？但在病程中，这是一种客观事实。如果疾病是能够治愈的，那么这种"非我性"是个体必须接受的。这或许是医疗器械让我们能够勉强接受的具体原因。

然而，治疗疾病的过程往往伴随着尊严危机。身体的康复过程并非一帆风顺，而是以某种丧失为代价的。治疗疾病的过程本质上是自我付出足够代价的过程。充分意识到并坦然接受这一点，可能是我们维持生命的前提。

从疾病的影响来看，生命的完整性危机普遍存在。疾病对机体的消极影响往往是整体性的，而不仅局限于个别器官或组织。

18世纪，意大利的病理解剖学家莫尔加尼发现了疾病可局部存在于人体器官之中，因而创立了器官病理学。这一发现为疾病治疗的精确性与实证性提供了科学依据，成为现代医学发展的里程碑。但是，莫尔加尼将人体简单地归结为器官的结合体，把疾病仅仅看成是局部器官的变异，显然忽略了单个器官作为人体的一部分，在机体中与其他不同器官之间相互联系的整体性。

实际上，疾病虽然表现为某个器官的问题，却是作为整体的人生病了。没有谁去看医生时会说："给我的胃来看病。"人们会说："我来看病。"这种整体性的视角提醒我们，疾病不仅仅是局部器官的问题，而是对整个生命的挑战。

疾病导致的身体的不完整性，是对我们尊严的严重挑战。这种不完整性主要体现在三个方面：面容受损、结构不完整与功能不完整。面容受损包括皮肤上的疤痕、脱发、脸色苍白或发黄，甚至五官扭曲等。这些外在的变化往往给个体造成极强的尊严受损感。毕淑敏在《拯救乳房》一书中描述了那些身患乳腺癌的女性朋友如何面对乳房被摘掉之后的处境与自我救赎的故事。再如，直肠癌的治疗是通过造瘘排便，这是一件极有损尊严的事情，尤其是对女性朋友而言。结构不完整则既有内也有外，包括肾脏、胆囊等脏器摘除，当然，更多的是截肢、失去眼球等。功能不完整性指因疾病或治疗导致某个器官功能的丧失，如失去自主呼吸、进食或排便的能力。这些不完整性不仅影响患者的生理功能，还深刻影响他们的心理状态和社会关系，进而引发尊严危机。

我们害怕的并非疾病本身，而是在病程中残酷无情地失去腿、眼或其他身体部分，被迫接受自己部分甚至完全依赖他人的现实。这种依赖感不仅挑战我们的身体能力，更深刻地冲击我们的尊严和自我认同。

疾病迫使我们接受与适应一个不完整的生命。例如，一个病人可能只有通过截肢才能避免病毒蔓延，身体的残缺成了生命得以保全的前提。这就是疾病中的辩证法：为了生存，我们不得不付出某种代价。然而，身体的不完整并不能证明生命没有意义。因身体残缺而动摇活下去的信念，是值得我们深刻反思的。活着即生命存在的意义，远高于尊严本身。这是所有从疾病磨难中侥幸活下来的人们的共识。古人说得好："留得青山在，不怕没柴烧。"只要能活下去，还有什么是我们不能承受的？有什么疾病是我们不能够面对的？

第26讲

疼痛危机：我有免除疼痛的权利

在这一讲中，我们将探讨如何面对疼痛。疼痛与疾病之间既相互区别又有关联。"疾病"主要是生物医学模式的术语，而"疼痛"则是生物—心理—社会医学模式的概念。一个人得了病，他不仅需要技术层面上的疾病治疗，更需要人性层面上的关怀与温暖，包括了解与关心他身体上、心理上乃至心灵上的诸般疼痛与磨难，从而获得一种情感安慰，缓解疼痛。

我们需要明确的是：疼痛有比疾病更加本质的内涵。怕痛是自然，祛痛是应然。

什么是疼痛？2020年国际疼痛学会对疼痛是这样定义的："疼痛是一种与实际或潜在组织损伤相关的，或类似的不愉快的感觉和情感体验。"

疼痛可以从三个方面来理解。首先，很多疾病都会引发疼痛。人们对疾病的疼痛反应是生命的本能，我们称之为"痛觉"。疼痛体验是对病症的反应。其次，病痛是多维的。疾病带给人们的是全方位的负面体验，涵盖身体、心理、社会与心灵，可谓是"一病百痛生"。最后，病痛是复杂多样的。病痛会因人们的身心特征、生活经历以及疾病认知呈现差异性与多样性。

病痛的存在形态既包括身体上的疼痛，也包括心理上的痛苦。这两者虽然表现形式不同，却常常相互交织，共同构成患者的多维度痛苦体验。身体上的疼痛是一种直接的生理痛苦，是机体受到损伤时产生的一种不愉快的感觉和情绪性体验，是临床上最常见的症状之一。疼痛的位置通常指示病灶所在，帮助医生定位疾病的发生部位。疼痛的性质间接说明病理过程的类型，例如刺痛、钝痛或绞痛可能对应不同的疾病。当我们去医院就医时，医生总是问"你哪里痛"或"你什么地方不舒服"，这些问题直接指向身体上的痛苦。身体上的疼痛不仅是疾病的信号，也是患者最直观的痛苦来源。它直接影响患者的生理功能，限制他们的日常活动，甚至改变他们的生活方式。

心理上的痛苦则是由多种原因引起的不愉快的心理体验，涵盖认知、情绪、社会和精神等多个层面。在认知层面，包括对疾病的焦虑、对未来的不确定感以及对治疗的恐惧。在情绪层面，包括抑郁、无助、愤怒等负面情绪。在社会层面，包括尊严受损、孤独感、社交恐惧等。例如，患者可能因外貌改变或功能丧失而感到尊严受损或被孤立。在精神层面，包括无意义感、无用感和无归属感等。这些感受常常源于疾病对个人生活目标的冲击。

心理上的痛苦往往源于疾病造成的个人现实生活的巨大改变。它不仅影响患者的心理健康，还可能进一步加剧患者身体上的疼痛。

身体疼痛与心理痛苦往往互为因果，形成一个恶性循环：身体疼痛引发心理痛苦，如慢性疼痛患者可能因长期的身体不适而产生焦虑或抑郁；心理痛苦又会加剧身体的病痛，如焦虑和抑郁可能降低患者的疼痛阈值，使身体疼痛感更加剧烈。一般而言，身体疼痛与心理痛苦总是互相伴随、一体不分的。因为，疾病总是和一个完整的人发生关联。一个因膝关节疼痛而抬脚上台阶都困难的人，身体上的痛与内心的苦闷是极难分开的；在新冠疫情期间感染病毒而被隔离的患者，身体的疼痛与情绪上的孤独感是同等强烈的。

对患者疼痛的关注，是生物医学走向人文医学的根本标志。

在传统的医学观念中，我们长期习惯于从生物医学角度来看待与观察患者。虽然这种方法有助于明确诊断疾病，却无法深入了解患者的疾病体验与感受，以及相伴随的情绪、行为和生活方式的改变。这种局限导致患者逐渐丧失"完整的人"

的属性，沦为技术治疗的对象。显然，这种孤立的、静止的生物医学概念无法涵盖生病状态下人的全貌，这就是所谓的"见病不见人"。

今天，医学界开始反思这种"见病不见人"的医学现象，逐渐转向关注患者对疾病的认知、感受与体验，以彰显医学的人文温度。这种转变的核心在于，医学不仅仅是治疗疾病的技术手段，更是关怀患者整体痛苦的艺术。而对病痛的关注，正是这一转变的标志与关键。

在现代医学中，疼痛被定义为继呼吸、脉搏、血压和体温的第五大生命体征。医学界认为，免除疼痛是患者的基本权利。在此基础上诞生了疼痛医学。这说明疼痛问题在现代医学中的地位越来越重要。

病痛表达着比疾病更本质、更丰富的内涵。病大多会痛，而痛必关乎病。但病痛却不只是身体的，更有心理的，也就是整个人的状况，因为病痛不仅是陈述了一种事实，而且表达了一种感受与体验。正如《谈病说痛：人类的受苦经验与痊愈之道》一书作者凯博文所说："病痛指的是病人和家属或更广泛的社会网络对症状与残障如何理会、共存和反应。"疾病造成的疼痛就像一座座桥梁，连接身体、自我与社会，这个网络把生理过程、生命意义与人际关系互相连接起来，使我们的现实世界能与我们的内在经验一再连接。

单从生物医学的角度来看，疾病只不过摧残身体的某一组织或器官，但从人文医学看来，疾病则是在摧毁病人的整个世界。所以，我们可以通过病痛了解一个完整的人，包括他的内心世界与外部世界，我们也会因此"既能见到病，也能见到人"。

怕痛是人的自然本性，更是处于医疗中的病人的权利。稍有医学常识的人都知道，疼痛是一种保护性反射，当疼痛达到一定的强度时，则会"痛不欲生"。可见，怕痛是自然的。

从技术上说，缓解疼痛并不是特别复杂和困难，可为什么直到今天，将缓解疼痛积极充分地用在临床治疗上，却仍是一件棘手的事呢？

在探讨病痛时，我们不得不提到对病痛的认知问题。美国学者凯博文指出，病痛认知是一种文化建构，作为一种心理–社会经验，这种建构涉及复杂的心理与社会过程，这些过程不仅会影响疾病的发生与发展，也在疾病治疗与疼痛缓解中发挥作用。

病痛认知来源于两个方面：医学职业本身和伦理道德。这两者共同塑造了人们对病痛的理解和应对方式，甚至影响了疾病的治疗与康复。对于病痛，许多人（包括为数不少的医务工作者）的认知深受医学职业的影响，认为到了一定年纪或者患了某些疾病，疼痛是不可避免的，甚至是"正常"的，某些严重疾病如癌症导致的恶性疼痛也是不得不承受的，不必大惊小怪，惊慌失措。

疾病常常被社会、文化与伦理道德所建构。比如，工作过于投入，积劳成疾被视为美德，"出师未捷身先死，长使英雄泪满襟"。"鞠躬尽瘁，死而后已。""瘁"是一个形声字，从"疒"，卒声。从"疒"，表示与疾病有关。《尔雅》有言："悴，病也。"而那些沉溺于肉体欲望而生病的则被视作恶行，如毒瘾与性病等。这种关于疾病的道德谱系，使得疾病本身被赋予了道德属性。

如果疼痛是一种美德的印证，那么，忍受疼痛就成了对自我的磨炼与考验，是一个契机；而如果病痛是一种惩罚，怕痛自然就是一种逃避的姿态，是怯弱的体现，是胆小，是经不住考验。

病痛的伦理观念往往导致人们忽略自己身体中的病情变化，直到病情恶化到有明显的影响时才选择就医。这种"实在挺不住了再就医"的心态，常常延误疾病的治疗，当这种观念内化为个体对待疼痛的思维习惯与态度取向时，其后果也值得我们反思。

事实上，祛除患者的疼痛一直都是医学的基本目标。祛除疼痛既是疾病治疗得以有效实施的前提与保障，更是医学给予患者的福利，是对患者生命的尊重。麻醉医学的发展以及各种镇痛药品和技术的开发与使用让这成为可能。从某种角度来讲，祛除患者的疼痛比治疗疾病本身更为重要，因为并非所有疾病都是可治愈的。例如面对绝症、长期慢性病时，帮助患者缓解疼痛是第一位的。

在现实生活中，许多慢性病患者（如糖尿病患者、痛风患者）日复一日，年复一年地承受着疼痛的折磨。疼痛就像一块海绵，从患者的世界中吸干个人与社会的意义。对于这些患者来说，医学的当务之急便是缓解他们的疼痛，帮助他们恢复生活质量。

值得注意的是，生物医学的观念也长期影响着我们对疾病的认知与态度。一旦家里有人生病，我们往往将所有精力都倾注在疾病的治疗上，认为"治好病就是一切"，却忽视了患者的疼痛感受与体验。这种观念令人遗憾。

我们应该认识到，疼痛使患者的生命背负着不可承受之重。治病必须治痛，既要满足患者缓解疼痛的需要，更要尊重他们怕痛的自然本能，为他们营造一个人性化的疼痛体验环境。

为患者缓解疼痛是医生的职责所在。当疼痛发生时，医生理应以患者的主诉为依据。不同患者的疼痛阈值和疼痛耐受力有所不同，医生应该主动、客观、持续地评估疼痛，确保治疗方案的个性化与有效性。

疼痛是一种个体生命的经历和信号。治疗疼痛时，不能仅针对身体部分，同时也要考虑情绪和精神因素。缓解和消除疼痛既是科学，也是一种艺术。这正是"医心仁术"的本质含义。

第27讲

病中生活：别让疾病中断生活

"向病而生"不仅仅是指个体生命向着疾病而成长与完善，更是"向着疾病而生活"，将疾病融入生活，通过生活消解疾病带来的苦难，从而真正做到从容地生活在当下。是疾病摧毁了我们的生活吗？生活的信心是如何建立起来的？在疾病面前，我们正确的态度是什么？

我们必须正视一个客观事实：疾病对生活造成了极大的影响，有时候甚至是毁灭性的破坏。

疾病打乱了患者的生活节奏与生活秩序，其直接表现就是生活空间与时间被切割。患者的空间被划分成各种医疗功能化空间：急救室、病房、检查室、药房……诸多以医疗为中心的空间体验，当然包括检查前的焦虑以及等待结果时希望与绝望交织的情绪。

患者的时间是被安排的，不属于自己，而是属于疾病治疗。什么时段禁食、禁尿，什么时段要起床接受查房，什么时段可以见外人，什么时段输液（一瓶输完之后得注意换药），24小时被医疗的各个环节切割成碎片，从而失去了时间的连贯性。一人生病又不同程度地影响家人的生活，这是病患深感不安的地方。

我们常常体验到疾病与生活之间的对抗关系，甚至认为疾病正在毁灭我们的生活。以治疗为中心的观念将生病与生活分割开来，人们似乎形成了一种坚定不移的念头："都生病了，别想太多，专心养病。把病治好，才能生活。"

一直以来，我们将自己的肉身置于生活的中心位置，认为它是我们生活的世界的承载者。众所周知，我们通过双脚、五官及身体其他器官的活动参与到与外面世界的联系和互动之中，将外部世界转化成自己生活的世界的一部分。而疾病显然破坏了我们的身体，使我们丧失全面接触外部世界的能力，甚至丧失对生活的感知与体验。因此，人们常将个体生病称为"他病倒了""他倒下了"。

但我们忽略了一个重要事实：生活的真正主体不是身体，而是心灵自我。我们通过身体建立起来的只是外部世界，而外部世界之所以有意义还取决于我们的心灵自我，只有进入我们自己的内心世界，去挖掘灵魂深处的宝藏，外部世界才真正具有意义。由于长期专注于感官世界而疏于潜入心灵自我，我们的所有快乐都似乎离不开肉体感官。一旦身体生病，生活仿佛也被摧毁了。对这样的人而言，病倒了意味着精神支柱坍塌，长期以来的生活信念动摇。没有了精神支撑，身体也变得更加不堪一击。

那种牢不可破的生活信心是如何建立的？一般来说，生活信心来源于两种路径：一种来自快乐，一种来自苦难。

对大多数人而言，生活信心建立在对成功、快乐的坚信不疑上。这种信心表达了一种苦难过程与美好结果之间的因果关系，是我们坚信"苦尽甘来"的福报，是"风雨之后见彩虹"的美好愿景。

在疾病经历中，许多人习惯于用"大难不死，必有后福"来安慰自己。这种思维逻辑立足于疾病必能治愈的前提假设，它似乎在告诉我们：为了明天的康复，今天吃再多再大的苦都可以忍受。然而，这种思维完全将生活从当下排除，仅仅寄希望于未来的康复，而忽视了当下的意义与价值。这种惯性思维导致患者在病程中消极地等待治疗，而不去寻找生命中的快乐与意义。

然而，在那些严重疾病与慢性疾病面前，以"福乐安康"为诱饵的信心往往不堪一击。如果久困于疾病之中，我们该如何面对？是放弃生活而死去，还是继续寻找活下去的意义？在疾病的本质即人的必死性层面上，人的一生难免会经历多次疾病。没有人能向我们承诺是否有幸福快乐的必然结果，但我们依然要活下去。我们的信心显然不能仅仅从"苦尽甘来"的福报逻辑中产生。那么，它应该从何处来？

我们不妨看看来自苦难的生活信心。史铁生在《病隙碎笔》中谈到《圣经》中约伯的故事。他说："约伯的信心前面没有福乐做引诱，有的倒是接连不断的苦难。"约伯是一个正直而虔诚的人，他拥有丰厚的财产和幸福的家庭。然而，上帝受魔鬼撒旦的怂恿，决定考验约伯。于是撒旦夺走了约伯的财产、儿女，甚至让他的身体承受疾病的痛苦，让他的心灵承受朋友的误解。尽管如此，约伯从未动摇内心的信念，最终获得上帝的嘉许。在《圣经》里，约伯是苦难与虔诚的统一体，是磨难与信念的结合体。

约伯的遭遇，岂不正是我们凡人的遭遇？因为，死亡从来不是一次性完成的，疾病伴随人的一生。我们的生活信心，难道不应建立在对未来可能会面临更大疾苦的自觉之上？面对更大的挫败与苦难时，我们依然勇敢迎上去的坚定意志，岂不是最牢固的生活信心与信念？

很多人都懂得大道理，却无法将这些道理与自己的疾病状况联系起来。一旦自己生病，便恐惧异常、焦虑万分，再也无法如常生活下去。然而，根本原因并非疾病摧毁了生活，而是我们在疾病面前迷失了内在自我。我们不妨从疾病的苦难中寻找活下去的信心。

在疾病面前，我们应持怎样的生活态度？

前面我们讲到，疾病可以让我们剥离生活中种种虚假的外表，回归到真正的内在自我。生活的真正主体不是身体，而是心灵自我。因此，疾病并没有完全吞噬或完全摧毁我们的生活，我们不必因疾病而丧失生活的信心与信念，陷入悲观绝望。如果清醒地认识到疾病的本质和内在根源，我们关注的就不应该是如何消除疾病，而是在这个过程中如何好好地活着。

以生活心态对待疾病，才是我们正确的态度取向。"安乐病"最重要的一点，就是不让疾病中断生活，而是能够在病程中努力维持生活的姿态，绝不向疾病屈服，让自己成为一个掌控疾病的人。即便是困于病榻与轮椅，又岂能囚禁自由的心灵自我？正所谓："眼里有尘天地窄，胸中无事一床宽。"

既然疾病是每个人都无法逃避的，而生命又是通过生活来呈现其现实性与意义的，那么，我们不妨将疾病揉进生活。这大概是"向病而生"最本质的内涵。于光远先生称之为"疾病实践"，将生病视作一种人生实践。这种从容不迫的态度，让我们完全掌控疾病，从而将生活牢牢把握在自己手里。

我们不要纠结于病中自己已不能做什么，而要关注自己还能做什么；不要纠结于自己已不能走太远，而要关注自己还能去哪里；不要纠结自己已失去了什么，而要关注自己还拥有什么。如此，我们会发现，生活并未远离我们，关键在于我们还保留着一份对生活的热爱。

史铁生曾说："生病也是生活体验之一种，甚或算得一项别开生面的游历。""我从双腿残疾的那天，开始想到写作。孰料这残疾死心塌地一辈子都不想离开我，这样，它便每时每刻都向我提出一个问题：你为什么要活着？——这可能是我的写作动机。就是说，要为活着找到充分的理由。"写作给了史铁生活下去的最好理由。对于史铁生而言，写作具有生命救赎的意义和灵魂拯救的价值。

伟大的物理学家斯蒂芬·霍金21岁时不幸被诊断患有渐冻症。后来，他被禁锢在轮椅上，只有三根手指和两只眼睛可以活动。然而，他完成了常人不能完成的事。谁能说斯蒂芬·霍金的生活是枯燥乏味的？

又盲又聋又哑的海伦·凯勒凭借一颗热爱生活与自然的心去领悟世界。她对大自然的亲近与感受细腻而丰富。谁能说她比耳聪目明的人们在大自然中感受到的逊色？

这些在疾病面前展现出非凡勇气的英雄，虽然身体可能残损，但他们内心的精神支柱依然屹立不倒。在现实中，许多与疾病抗争的人，正是通过生活与疾病达成和解。尽管病魔缠身，他们的心灵却是自由的，他们正在努力活出自我，展现出生命的坚韧与智慧。

　　然而，疾苦中的人们仅凭一己之力，实难完成这一生命的壮举。他们需要社会环境的支持与接纳，因为社会生活本身就是个人生活的基本内容。疾病不仅是个人与身体的斗争，更是一场需要社会共同参与的挑战。

第28讲

疾病体验：我们共同面对疾病

人的身体不仅是一个生物学存在，更是一种象征体系，具有深刻的社会与文化属性。生病给个体带来的不仅是对身体的伤害，更重要的是一系列社会生活上的不利处境。因此，现实中的疾病已经超出了单一的医学范畴，有了更复杂的社会文化内涵。在这一讲中，我们便来探讨病人与社会环境的关系问题，从社会环境层面了解患者的危机是什么，根源在哪里，以及如何摆脱这些困境。

《病房，心房》一书中讲述了一个"是病人还是朋友"的故事。作者在一次门诊时，认识了一位带状疱疹症状的胸痛患者，因作者的耐心解释与开导，患者终于打消了内心的顾虑与焦虑。多次就诊之后，两人成了无话不谈的朋友。为了不影响作者的工作，这位患者常常特意最后一个进去看病。有一次，隔壁科室的医生来串门，看他们在聊天，问："朋友啊？"作者随口回答："噢，是病人。"话音刚落，便发现患者眼神突然黯淡下去，作者随即感到不安起来，打了个哈哈："也是朋友，久病成朋友。"大家都笑了，随便扯了几句，患者便走了。之后这位患者没有再来过，作者心中疑问："就为了我那句'是病人'吗？"

这个故事揭示了某种微妙却真实存在着的患者遭遇。显然，其内涵已超出了单纯的医患关系，具有更广泛的社会意义。我们不免陷入一个内在的悖论，即"病人"身份的本质不在疾病本身，而在疾病之外。

人们为何抵触"病人"身份？"病人"这一身份给个体造成了怎样的困惑？

"有病"最初是一个医学概念，描述身体处于不健康的状态。疾病的种种特征，使得人们对"病"这一状态天然抗拒。这种抗拒不仅限于疾病本身，还延伸到对"病人"身份的心理排斥。无论是在公共场合还是在社交环境中，"病人"身份都往往让人感到不适，甚至引发他人无意识的疏远和厌恶。作家贾平凹曾因感染乙肝而深有体会。他患病期间受邀参加宴请，尽管表面上受到了礼貌对待，他却感受到了背后的疏离与排斥，因为他用过的碗筷都被丢弃了。他感慨道："当你生过一场病后，方知人性。"的确，一场大病足以让人看清人情冷暖。

　　"病人"身份不仅是一种医学标签，还常常被赋予负面的社会含义。一句"他有病"不仅是对个体健康状况的描述，更隐含着对个体行为的贬低与排斥，将其与"正常人"区别开来。更重要的是，"病"这一概念被抽象化为表达不满与责难的词语。比如，在人际交往中，"你有病啊"成为表达强烈不满的直接方式，暗示对方的行为不合常理，常人难以接受。这种语言的使用，使得"有病"成为一个令人羞耻的标签，严重损害个体的尊严。身体的疾病成为"有病"这一标签的具象化证明，让个体难以辩解或摆脱这种负面身份。人们对"病人"身份避之唯恐不及，不仅因为疾病本身带来的痛苦，更因为这一身份所附带的社会污名和心理压力。病人在身体痛苦之外，还要承受来自社会的排斥和自我认同的困惑。

　　这就是病人的身份危机，它关联着尊严受损与疾病歧视。

　　尊严受损主要是因自己生病而产生的感受。社会给有身体问题的人打上了"不健康、不正常"的烙印，然后将其降格成低人一等的存在。患者自己似乎也接受了这种设定，认为自己得了病"很丢人"。正如大卫·休谟在研究人性问题时所指出的："身体的痛苦和疾病本身就是谦卑的恰当理由……我们因传染并危害别人或让人痛苦的那些疾病而感到羞愧。"

　　而自我的尊严受损与环境的疾病歧视总是存在内在关联的，因为人们对"病人"身份往往本能地反感。所谓"疾病歧视"，是人对人就某种疾病以不平等的眼光对待。这种歧视在精神疾病、乙肝、性传播疾病、肺结核等方面比较突出，社会大众对患者实施回避、隔离、厌恶、剥夺或限制其应有权利和机会等歧视行为，既是有形的，也是无形的。

在现实生活层面，疾病歧视可以说是渗透于方方面面，就业、求学、社交甚至婚姻等社会生活的各个方面都有疾病歧视的影子。疾病歧视见于各种各样的语言歧视与冷暴力，包括语言嘲讽、冷淡疏远等，令患者难以融入当下人群，并下意识地产生自感疏离，远离人群，经受着身体与精神的双重折磨。

何以至此？根源在于疾病是一种文化建构。

凯博文认为，疾病或健康的身体标准是文化建构的，而且不同文化、不同时代会有不同的身体标准，标准是随着时空改变的。

众所周知，疾病与人类始终相伴随，但"什么是疾病"从来就没有统一的界定，人类疾病的历史也就是人类对疾病的解释与建构的历史。美国学者西格里斯特在《疾病的文化史》一书中指出，对我们来说，疾病是一个生物过程。它发生在人的体内，可能局限于某个器官，但由于所有器官互相关联，组成了生物整体，受影响的始终是整个生物体。又由于身体和头脑是一体的，患者不仅在身体上，而且在精神上经历疾病。但是，"'疾病是生物过程'这一观念出现的时间较短，可以用完全不同的方式来解释疾病，而且人们一直是这样做的"。

在所有的文化解释与建构中，对人们影响最大的是罪恶论与道德惩罚论。比如，艾滋病便是一种声名狼藉的疾病，人们不仅认为它是可怕的，更把它看作无尊严和罪恶的象征，甚至连医学也对其讳莫如深。社会普遍把艾滋病当作性放纵和毫无节制的享乐主义的产物。艾滋病无疑是一种被社会高度道德化，并承受着严厉的道德批评的疾病，这让患者承受着巨大的道德压力。

在疾病被赋予的某些道德判断之下，潜藏着有关美与丑、洁与不洁、熟悉与陌生、正常与怪异的审美判断。比如，在历史上，结核病症状被视为一种高雅气质，在文学艺术作品里曾经是重要的病态美学描述的对象，充斥着有关温柔的或从容的死的遐想；而相反，艾滋病和癌症则被理解为难堪的死，患麻风病被认为是"不洁净"和"恶行"。即便是在现代社会，以往对疾病的伦理道德隐喻依旧影响着人们的认知以及对待病患的态度与行为方式。疾病如同一面镜子，折射着现实生活中的一切。

结核病被审美化对待，可见鲁迅先生《魏晋风度及文章与药及酒之关系》，他说魏晋文人的"风度"是靠服药和饮酒才得以形成的。单从服药这一点讲，魏晋文人为了"美姿容"的需要，将自己的身体弄得很羸弱，在今天看来，那种形体带给人的绝对是一种不健康的感觉。奇怪的是，当时的风气竟将文人的病态当作美来欣赏，这就更刺激了文人生病的念头。《世说新语》中有一个"看杀卫玠"的故事，可看作是文人追求病态的典型例子："卫玠从豫章至下都，人久闻其名，观者如堵墙。玠先有羸疾，体不堪劳，遂成病而死。时人谓'看杀卫玠'。""雅病"这一审美观念，便始见于魏晋时期，并逐渐成为文人风尚。

文化是人的第二天性，对疾病的文化建构几乎是一种集体无意识的社会本能，久而久之，病人也会将这种疾病隐喻心理内化，形成根深蒂固的羞愧心理。就像前面故事里的患者听到自己被称为"病人"便有如此明显的反应，可见患者自我之脆弱。

如何摆脱病人在社会环境中的身份危机？

我们有两个努力方向：一是科学地认知疾病，二是关怀患者的人文共情。

科学地认知疾病，我们才能发现其真相。病人的身份危机症结不在于生病——因为谁都会生病，而在于疾病的真相被歪曲与误解，而关于疾病的各种隐喻，实质上就是根据疾病的某些表象进行臆测想象，有些甚至是无稽之谈。历史上的，甚至现在的各种疾病隐喻，大都有一个共同特征，即没有反映疾病的真相，有些甚至是违背疾病的发展规律的。比如：肺结核病其实是极具传染性且给患者造成巨大痛苦的疾病，远不是一些文学作品描述的那样优雅从容；而艾滋病也并非都是纵欲的结果，其传染也仅限于几种特殊渠道；麻风病也没有传闻的那般可怕。因而，要想剔除附着于各种疾病之上的种种隐喻，就需要保持对疾病的科学认知和理性态度，人们只有真正了解疾病的病理机制，才不至于任凭疾病隐喻的集体无意识支配。

消除歧视，建立共情，是我们对每一个病患应有的态度，也是我们对病患的救赎与关照。这种共情是基于我们都会生病的共同认知而产生的，却超越了仅仅是"同病相怜"的当下体验，消除了病与非病之间的身份差异与观念鸿沟。对病患的共情，本质上就是"病在你身，痛在我心"的内心自觉与情感升华。当然，个体应对疾病是一个艰难的过程，如何才能帮助患者？最有效的是建立起一个"我与你共同应对疾病"的阵营。因此，不管是病患本人还是社会他者，对待疾病最健康、最真挚的方式，都是尽可能消除或抵制疾病的道德化思考，使疾病远离那些象征意义，让共情在病与非病之间得到自然流动。

第29讲

病中照护：营造医患共同体

　　一般而言，病中照护似乎是简单而又天经地义的事，但具体到实际的照护关系中，似乎又不那么简单明了。疾病中的个体是脆弱的存在，他们正在经受着衰弱无力的无奈与苦痛，正是需要关怀与帮助的时候，但是，疾病带来的尊严受损，令其难以启齿。对照护者而言，对病患的照护既要到位又不能伤害其自尊，这是一个需要用心解决的问题。病中照护是一种双向互动关系，如何携手共渡疾病难关，建构医患共同体，是每个人都要认真面对的生命课题。

　　如何理解病中照护？病中照护的实质是什么？

　　说起病中照护，大多数人都以为就是帮助病人做一些病人自己无法完成的事情，即伺候病人。显然，这是一种朴素但略显肤浅的理解，这种照护本质上是针对"病人"，不是针对

"人"。人们只是照护到受身体疾病困扰的人，却往往忽略了"病人"作为一个"人"的真实体验与诉求。

患病，乃一种特殊经历。无论是肉体还是精神，皆脱离日常轨道而跌入一种孤立、紊乱、虚弱、混沌、消耗极大的低迷状态。一个人被困在病床上，犹如被冻储于一个密不透风的狭小空间里，静得苍白，静得荒凉，静得沮丧和疲乏，所有熟悉的生活细节与自然万物都消逝了，他活着，除了眼巴巴盯着窗外，几乎无事可做，也无事能做。

在疾病给患者带来的所有破坏中，有两项是最基本的：一是失能，它导致患者无法独立生活下去；二是社会关系缩水，它导致患者无法融入现实社会生活。这两者共同给患者带来无意义感与孤独感。患者已然失去赖以融于世界的身体条件，有时作为一个人的尊严都无力去维护。虽然身体病弱，但患者却异常敏感，他们对周围事物的感知、对外面世界的向往同样异常强烈。这是一个身心分裂的失衡状态，他们如同风雨中飘摇的一叶孤舟，身处险境却有心而无力，只能等待救助。

病中照护的最大挑战在哪里？或者说难在哪里？

照护是一种互动关系，需要照护者与病人之间无障碍沟通。因此，照护中的难就在于其情感与认知融入：一方面，由于病情之复杂多样，医疗照护工作有很强的专业性；另一方面，由于苦痛之不可替代性，疾病对个体造成的体验殊异。个体对自己病情的理解与认知，有强烈的个体亲历性，大概也只有亲身经历过的人方能懂得，这正是"同病相怜"的本义所在。病与非病状态之间存在难以逾越的认知鸿沟，这不仅体现在"我的病，你不痛""我的痛，你不懂"的个体差异上，更源于共情与同理心的普遍缺失。

显然，病中照护的实质绝不仅仅是技术层面的操作护理，更应该是一种照护者与病人之间的生命关系，有比技术护理更丰富的内涵。

疾病表现的差异性与病痛体验的个体性要求我们超越"照护者"与"病人"的身份划分，回归到"大家都是人"的普遍性层面来处理照护关系。

在很多人的语言表述中，总有"我的医生"和"我的病人"的心理称谓——彼此都将对方看成"自己的"，反映出一种亲昵的互动式生命契约关系，除了彼此福祉的利益维系并因此显得更实在，还有一种令人羡慕的私谊情分在里面，如同说"咱们都是自己人"。

美国著名医学家刘易斯·托马斯在其自传《最年轻的科学——观察医学的札记》中，毫不隐讳地坦言，他对医生本人不患重症感到"遗憾"。因为医生不患重症，他就始终无法体认患者最恶劣的处境，无法真切地感受一个人面临生命危难时的悲伤与恐惧，自然也无法"感同身受"地去呵护、体恤对方。他的意思很清楚，即唯自己有过重症经历，方能具备"角色亲历性"，体会到病人的感觉，在照护病人时，在对方的生命里看见自己的生命，于对方的痛苦中认出自己的那一份，而后才能以最决绝、最彻底和刻不容缓的方式帮助病人祛除痛苦。这一思想被称为病中照护的"托马斯宣言"。

当然，我们并非必须经历一次疾病苦痛才能理解与照护病人，因为身体的体验必须提升为一种理性认知，才能超越个体的狭隘性从而获得一种普遍性。"托马斯宣言"的精神实质其实就是我们要站在共通性的高度去理解病人的特殊性与丰富性，不能仅停留在个体层面，而是要从"人"的最广泛层面去建立与病人的关系。

只有放弃个体的身份标签，才能从更高的层面获得相互的共通性，赋予照护关系越来越多的深刻内涵。病中照护关系有了共情与同理的深厚基础，照护者与被照护者之间便没有了陌生感与隔膜感，从而形成一种真正意义上的生命契约关系。

病中照护不仅是执行医疗护理要求，更是协助处于生命困境中的个体建构他的生活世界。病中照护具有积极的建构意义，是对病人生命存在的重建，其实质体现为由照护走向同体共存。

简单来说，同体共存就是指医生、护士及照护人员等专业人员在面对病患时都不以局外人的态度来对待，而必须了解他们并与他们同感、共处。

照护首先是融情与抚慰。患者体验到的绝不是非病之人所能一目了然的，这要求我们走进患者的内心。我们要做的是，告诉他"你的痛可以对我们诉说"，而后专注聆听。他身体上的痛自可通过服用止痛药祛除，但心理的痛却需要表达与释放。病人往往并不需要照护者提供解决方案，他们比谁都清楚自己的病情意味着什么，所以有时候聆听就是最好的照护。照护本质上就是陪伴，陪伴是最长情的告白。那些丧失了独立生活能力的病患，不仅要承受身体的痛，内心的孤寂感也与日俱增。陪伴就是照护者抛弃"非病人"的思维和立场，与患者同向而行，按照患者的逻辑去理解他们的行为，对患者的情绪反应感同身受，站在患者的立场思考问题，从而与患者建立起亲密合作关系，并走向同体共存。这种同体共存所体现的已不再是简单的照护与被照护的照护关系，而是一种生活关系、一种友好关系，甚至是一种家庭关系，患者能够从中获得安全感、归属感与可依赖感。

病中照护既是一种赋能，也是一种生命意义的体现。

一个人生病时，照护者便与他结成医护共同体，为他提供一个庇护所——一个虽不能免除他的疾苦，却能给予温暖的庇护所。

照护是赋能。斯蒂芬·威廉·霍金因渐冻症被禁锢在轮椅上达50年之久,他的妻子简·怀尔德无疑是霍金须臾不可离的另一个"我";海伦·凯勒19个月大时因患病失去了听力和视力,她的世界是一片寂静和黑暗,她的生活离不开父母和其他人的帮助,特别是安妮·莎莉文老师,这些照护者弥补了她的世界的残缺,启迪了她的心灵;当史铁生驱动轮椅进入荒芜的地坛公园时,母亲不放心残疾的儿子,害怕他陷入困境,又担心自己的跟随引起儿子的不快,只能远远地跟随着,这份默默跟随胜过任何照护。

病中照护并不是照护者托起病人的天空,而是替他们疏通与现实世界的联系,帮他们打开一扇窗。有一些病人因为身体受困而关闭了面向现实世界的窗口,内心却依然向往外面的世界,渴望参与火热的生活。有些久病之人如果身心久困于病榻而无人从旁相助,便会龟缩于自己的世界,其生命存在感、意义感逐渐趋于枯竭。有了照护,他们的世界便会有光明与色彩,并因此有了活着的意义。这是病中照护的根本价值目标,也是病中照护深刻的本质内涵。

第30讲

疾病末期：患者医疗决策权

人生而带有疾病的潜在可能，其根源在于生命必然走向死亡的自然规律。事实上，世间多数人的生命终结都与疾病相关。我们要确立科学的疾病观以及学会与疾病相处，目的不仅在于珍惜现有生命，好好活在当下，更在于培养面对生死的智慧。这种智慧的终极意义不在于逃避不可避免的死亡，而在于让我们能够最终坦然从容地走向生命的终点，让生命有一个完美的收官。这是疾病教会我们的生死智慧。那么，我们应该如何优雅从容地面对疾病末期？

疾病末期也称为"疾病终末期"，是指在个体处于疾病发展的某一阶段，以现在的医疗技术无法缓解，根据合理的医疗判断，无论采取什么医疗手段，病人的情况都将持续恶化，生存期不超过六个月。处于这一时期的病人就是末期病人，可以说是"病入膏肓""来日无多"。

理解疾病末期，有两点非常重要：第一，疾病末期是某种疾病长期发展的必然结局，恶性肿瘤、慢性疾病发展到晚期必然进入不可逆的恶化，痊愈已无可能；第二，疾病末期的实质就是死亡机制发生作用的过程，即由于疾病在身体内影响的扩散，由身体部分机能的丧失发展到整体机能的丧失，从而走向不可逆的临床死亡过程。

可以说，疾病末期本质上标志着死亡过程的开始。随着人类对疾病的研究日益深入和细致，基本上可以认定个体生命大多是通过疾病走向死亡的。衰老在本质上是个体生命到达一定年龄后疾病多发造成的，几乎不存在没有疾病的衰老，也就是说所谓"老死"的"无疾而终"几乎是不存在的。疾病是个体生命死亡的主要原因。因此，疾病末期通常就是生命末期，站在更广义的层面，我们可称之为"生命临终"。

在疾病末期，我们面临的挑战是什么？或者说，困境何在？

在传统社会，个体生病一旦久治不愈便被宣告进入疾病末期，这是医生（古代社会称之为"郎中"）经过问症诊断之后得出的结论，家人则根据医生的意见做出放弃治疗的决定，一切都顺理成章、自然而然。不过，人们大多忽略了一个关键环节，那就是征求患者本人的意见。

在过去，个体虽然生病，但仍住在家里，没有与日常生活隔离开来，因此即便获知大限将至，也不会心生抗拒。

可是，在现代社会，到了疾病末期，人们却面临着要不要继续治疗的医疗决策难题，继续还是放弃已不再是能够自然而然地做出的选择。

自20世纪60年代以来，随着心肺复苏等急救技术的日臻成熟，在各种高科技手段辅助下，专门用于救治危重病人的加护病房更普及了，医疗高科技使死亡的自然状态发生改变。在医院里，越来越多临终病人被越来越复杂的人工设备滞留在死亡过程之中。生命支持系统看上去是延长了人的寿命，但它在耗费了巨额钱财之后，到底使临终者的生命质量提高还是降低了呢？对这个问题，即使在医疗界也存在巨大争论。

一方面，一些人在临终时不能安详地离开，反而要忍受心脏电击等惊心动魄的急救措施，无论怎么说也是一种痛苦。即使措施得当，急救成功，他们往往也不能真正摆脱死亡威胁，而很可能只是依赖生命支持系统维持毫无质量的植物人状态。如今，成熟的医疗技术可以轻而易举地把这种状态维持数天、数月、数年，甚至更长时间。

另一方面，病人家属面临着"继续治疗还是放弃"的两难。如果选择放弃，按照传统的伦理道德观念，特别是传统孝道，必然会遭遇舆论的指责，从而背负"舍不得花钱给自己的亲人治病"的骂名。然而，明知治愈无望，还要继续治疗，这既有损病人的生命尊严，也会令家庭陷入经济危机之中，最后落得"人财两空"的结局。

总体上看，临终者常会被动地接受这样的"待遇"：过度治疗或治疗不足。以治疗疾病为目的的医疗行为被滥用，有些患者直到生命的最后一刻仍在接受创伤性治疗，而以舒缓病人痛苦为目的的医疗措施却极少，临终者受到的痛苦和不适直到死亡也没有得到充分缓解。在给中晚期癌症患者制订的治疗计划中，常见的一个关键词就是"拖"。为了对得起自己所谓的"人性"和"良心"，医生宁可让患者遭受痛苦也要全力抢救，宁愿加大药量也要延长患者的生命长度。而家属往往为了等待某个未到场的亲属而强求实施"象征性"的抢救，医生和护士多次实施胸外心脏按压，抢救时间长达数小时，基本上忽视了临终者的尊严。

于是，抢救还是放弃，选择毫无质量的"活着"还是选择有质量的"离去"？这是让病人家属备受煎熬的两难抉择，过去是，现在依然是。基于现代医疗背景，在大部分情况下，临终者都深知死亡在即，他们也不愿意让无意义的医疗给家人带来沉重的经济负担，但面对那毫无尊严的医疗纵然内心不愿，却也无力摆脱与反抗。反观病人家属，大都不愿意接受亲人死亡之必然，因而难以做出放弃治疗的决定。可见，家属的态度与选择往往是关键的甚至是决定性的因素。可以说，生死两难安的困境并非客观存在的、无解的困境，而是一种自设困境。

生命最后的决策应该由谁来做？

答案非常明确，那便是我们自己。从容优雅地面对疾病末期，是摆脱困境的根本出路。

人们趁自己身体健康、意识清晰时，对未来有可能陷入疾病末期困境预先做出的医疗决策指示，我们称之为"生前预嘱"。"生前预嘱"是人们在意识清楚时签署的说明在不可治愈的伤病末期即临终时医疗护理的指示文件。"生前预嘱"通常是一份表格化文件，当事人对列出的内容进行选择，既可以说明自己不要什么，如临终时的心肺复苏、气管插管，也可以说明自己要什么，如充分止痛、舒适等。

"生前预嘱"的本质是选择，而不是"不要什么"的放弃承诺，无论是坚持治疗还是坦然告别，都同样值得尊重，其最重要的意义在于实现了生命自我主权的最终体现，扭转了长期以来医患关系中患者失语的状态。他人无法替代生命的主体性选择，唯有自主决定才能真正实现生命的主体性。"生前预嘱"彰显了技术化医疗背景下人的主体性，即现代技术的意义并非先验存在，而是通过主体的选择被赋予。不是技术主宰人，而是人主导技术，这体现了人面对死亡时的自我超越。

根据深圳市地方立法的基本要求，如果签署了"生前预嘱"，"生前预嘱"通常会拷贝一份存放在病历中，成为患者的医疗资料。它将作为医生做出"要不要继续治疗"与"要不要使用生命维持系统"等医疗行为决策的依据。如此，不仅消除了医生的顾虑，也可使病人摆脱在追求"治愈"和"好转"的虚假希望中苦苦挣扎的苦境，让他们的最后时日尽量舒适、宁静和有尊严。

"生前预嘱"的意义还体现在避免让亲人陷入两难选择，从根本上将亲人从"继续治疗还是放弃"的困境中解放出来。病人通过对自己的生命负责，表达对亲情的最后眷顾，也体现对家人现实生活的深切关切和最终奉献，这样，逝者从容安宁，家人内心坦然，才能真正实现生死两安。

第四部分

死

　　到了生命末期，个体便进入"不可逆的死亡阶段"。很多人可能会把这个阶段仅仅看作是死亡的阶段，而忽略了它也是生命的最后阶段，仍然具有"生"与"活"的内涵。实际上，只有真正活到生命的最后一刻，我们才能称之为"好死"。

第31讲

何为死亡：寻找精神的安顿之所

　　清代诗人邓汉仪在《题息夫人庙》中感慨"千古艰难惟一死"，意思是千古以来，人最难面对的是一个"死"字。任何人的死亡都是第一次，也是唯一的一次。但同时，每个人之死亡又总是一种关系性事件和时间性事件，而绝非孤立事件。那么，死亡是什么？这是人类始终求解但又永远无解的问题。或许，关键不在于答案，而在于对这个问题的思考本身。就人类的思维取向而言，界定事物的目的在于明确我们应对该事物的方法或途径，从而帮助自身摆脱当前的困境。显然，定义死亡也不过是为了寻找一种应对死亡的价值观与方法论。

　　人的一生，要死去三次。第一次，当一个人的心跳停止，呼吸消逝，他在生物学上被宣告死亡；第二次，当他下葬，人们出席他的葬礼，他在社会关系中被宣告离去；第三次，当最后一个记得他的人离开人世，或彻底将他遗忘，那时他才真正地死去。因为从此以后，无人再知晓他曾存在过——宇宙与他再无关联。由此可见，死亡有自然、社会和精神三重内涵。我们不妨从这三个层面来寻解"死亡是什么"。

首先，人的死亡是自然事件，这是基础性的与物质性的死亡。

生物学死亡包括生命机能的终止和自我意识的消失，表现为：不再拥有机体功能，比如不能进行新陈代谢活动；不再有任何生理活动，比如机体失去对外界刺激的反应等。

人的死亡并非瞬间事件，而是一个过程。

人们对死亡的恐惧往往集中于肉体生命的终结，所谓死苦，即肉体生命垂死的痛苦，它加剧了个体对死亡的焦虑和恐惧。因此，缓解临终痛苦、提升生命末期质量与维护生命尊严，既是个体善终的终极诉求，也是现代医学安宁疗护的神圣使命。

其次，人的死亡是社会文化事件，是社会关系的解体。

人的死亡即"不在人世"，或称"离世""去世"，意味着个体自此永远缺席与他人的联系。在其现实性上，人的死亡过程本质上是个体关系性生命逐步消散的过程，是一种社会关系的解体，包括人的身份与地位的失去、法律关系的终止和伦理关系的结束。比如，出具医学死亡证明书，消除户籍，银行销户，登讣告，举办葬礼，通过这些仪式和程序，宣告一个人的死亡。

因此，死固然是个体的事情，但死亡的发生却是人世间的事情，没有人能够把死亡当作一个纯粹的个人事件。一个人的死，当然意味着他的生命（生活）的结束，可是他的死总会直接或间接地影响到许许多多的人与事。

《病房，心房》一书作者曾讲到，一次跟随主任医生学习，恰逢一位九十多岁的老太太进入临终阶段。弥留之际，老太太的心电图曲线极其平缓，她似乎因某种东西而硬撑着最后一口气。根据多年行医经验，医生问家属老太太是否还有未了之事，其中一位家属说："老人家在等小儿子。"于是医生就招呼作者到办公室等一会儿。十几分钟后，一阵骚动，病房里闯进一个男子，扑向病床，大叫一声："妈——"几乎与此同时，心电图曲线变成了一条直线，老太太平静地走了。

老太太在弥留之际最牵挂的便是她的小儿子。小儿子病床前一声"妈——"是对母亲最后的挽留，纵有万分不舍，却也令老太太安心离去。在老太太生命结束之际，这是母子之情的消逝，却又何尝不是一种母子关系的圆满？

当我们与他人建立起各种情感上的联系时，我们的生命便有了牵挂与羁绊。而死亡必然带来生活世界的解体，令我们丧失人间所有的亲情、爱情和友情，念及此，我们便有了万般不舍。

死亡真正来临之际，如果能做到有准备地告别，会令生离死别变得温柔从容，我们便不会因此而张皇失措与焦虑恐惧。

最后，人的死亡本质上是一种精神事件。

生与死既是人建构现实人生信念与信仰的根本依据，也是现实人生信念与信仰的终极归宿。通俗地说，我们的信念与信仰既源于对生死的思考，也最终回归于对生死的解答。

生死哲学学者郑晓江教授指出，生死问题可以归结为两个层面：一是形而上的层面，即宗教和哲学；一是形而下的层面，包括医学、心理学、社会学等。在形而下的层面，有一点是非常明确的，那便是人一旦死去即万事成空，在世的一切皆化为乌有，显然这并非我们想要的。

换一个角度看，在形而下的层面，死意味着一切"是什么"的东西终将"不再是什么"。面对"死亡是什么"这个问题，与其说我们尚未得出任何答案，不如说我们只能得出死亡"不是什么"的答案。这就是人类死亡的不可定义性，而死亡的不可定义性源于死亡的不可经历性。于是，我们便遭遇这样一个困境：人活着的时候，尚未经历死亡，如何定义？而当经历死亡时，人已不在，谁能定义？去定义自己无法经历的事情，这只怕是人类生命中存在的一大悖论，也是考验人类智慧的一大难题。于是，人类对"死亡是什么"的思考就上升到了形而上的层面。

　　人生在世，哪怕自然生命结束了，人终将还会留下一些东西。死亡并没有夺走逝者的一切，人们关于逝者的记忆，逝者留下的嘉言善行、功绩名声等，都不会随着个人的逝去而离开人世，恰恰相反，这些东西会随着逝者的人格形象、理想追求、关心祈愿等为人称颂，长留人间，或融入家族记忆，为后世晚辈所铭记。正如诗人臧克家在诗中所言："有的人活着，他已经死了；有的人死了，他还活着。"德国诗人席勒的墓碑上刻着这样一句话："在这里，伟大的导师将流芳百世，青年人啊，要想想怎样使自己英名永存！"这就是"死而不亡者寿"。

　　在人类的精神世界，死亡不再是终结与虚无，而是开启另一段永恒的生命。永恒是什么？死亡离不开永恒，或者说，永恒离不开死亡。作家三毛说："我跟荷西的爱情是永恒的，因为荷西死了。"电影《泰坦尼克号》的主题曲是《爱是永恒》，电影中，在沉船后，男主角杰克与女主角露丝抓住的唯一的木板只能承载一个人，杰克松开手将生的机会留给露丝的那一刻，永恒才真正呈现，这也是最感动观众的场面，因为观众看到了什么才是永恒的爱。

　　法国哲学家帕斯卡有句名言："人是能思想的芦苇。"从本质上讲，人的脆弱即是人的生命必死之脆弱，这最令人无能为力；然而，人又是强大有力的，人面对死亡能够思考并建构起生命永存不死的信仰。因此，唯有建立起精神世界的生命信仰才能坦然面对死亡，安顿内在自我。

第32讲
死亡焦虑：用心生活，重建生命信仰

人面对死亡既有出于本能的恐惧，也有基于主观意识的焦虑。前者是有明确对象的畏惧，后者则是莫名的忧惧，深沉而长久。不过，两种情绪状态往往是一体不分的。死亡焦虑是自然赋予生命的内在情绪，是人类在死亡面前面对未来无知的惶恐，它是人生一切焦虑之源。每个人都以自己的方式应对死亡焦虑。在各种应对方式中，难免有合理与不合理之分。合理地应对死亡焦虑能够让人生减少几分沉重，多几分潇洒与从容。因此，关键不在于是否有死亡焦虑，而在于如何应对死亡焦虑。

我们为什么会有死亡焦虑？

死亡焦虑首先源于人们对于死后世界的无知。

面对死亡的焦虑，是一种本体性的、根本意义上的焦虑。

关于死亡及死亡之后的世界想象的相关认知，远超出常态思维和人类理性的限度。在现实生活中，焦虑的本质是对未知的惶恐，比如，某人参加了公考，在结果公布之前，他陷入深深的焦虑，所焦虑的是结果不可知。当然，经过向其他人咨询公考的相关情况，他增加了对公考的认知，焦虑可以得到缓解。

然而，死亡焦虑所焦虑的不单是对死后未来无知的焦虑，而且是对死亡本身的焦虑。没有人能够避免死亡，这才是最令人难以排解之处。没有谁能在死后给在世的人们带来只言片语，我们永远处在对死亡的无知状态，这岂能不引发人的焦虑？

死亡焦虑本质上是一种难以言说的对终极问题的焦虑。死亡是一种从未有过的体验，对个体而言，死总是第一次也是最后一次的经历，因而，死亡带给生命的改变根本无法表述，不是凭经验就能解决的。法国学者冉克雷维在《不可逆转的时刻：关于死亡哲学的84则对话》一书中指出："死亡是没有任何参照的另一类事物，在这边没有任何类似的事物，绝对是另外一边，甚至连宗教都未谈到过的地方。"对家人的担忧，也会让人陷入死亡焦虑之中。郑晓江教授则指出，死亡焦虑还源于个体未尽人伦之责的惶恐。人们对自己在人间未完成的责任会产生强烈的焦虑。这种情绪会引发临终者心灵的不安，从而降低人生与死亡的品质。人面对死亡时之所以会产生对亲人的强烈的愧疚，主要是因为尚有很多必须做而又未能做的事情，它们汇聚成一种揪心之痛，一种渴盼完成而又无能为力的焦灼感，并使人们的整个身心陷入不安之中。

我们所焦虑的是什么？

死后会怎样，我们一无所知。但死亡的来临会造成我们生命的彻底丧失，这是确定无疑的。很多人都以自己的方式恐惧着死亡。对有些人来说，死亡焦虑是人生的背景音乐。

可以说，死亡焦虑是一种非常基本的死亡意识与情绪体验。

首先是害怕丧失自我。当死亡来临后，我还是我吗？死亡陷入虚无，死亡焦虑乃是因个体意义感与价值感的丧失，从而造成自尊焦虑。人们开始意识到，对死亡的恐惧感正来自"自我"。注定要消灭的正是这个具有意识的"自我"。这个所谓"自我"的东西，哲学家称之为"心灵"或"精神"，神学家称之为"灵魂"。"自我"是世界的真正核心，是实在的本质所在。"自我"以外的一切事物都在不断发生变化，只有那个"自我"在时光的流逝中，在经历了一切变化之后，始终保持自身的同一。

但要是"自我"灭亡了，天地万物的存在对"自我"的所有者来说也就没有意义了。死亡令个体丧失了所有意义与价值，并通过一系列死亡机制的作用充分显示个体的无能与无助。所谓"尘归尘，土归土"，说的正是"我"被物化，成了非人的存在，这怎么能不令人焦虑？

其次是害怕丧失世界。死亡焦虑的核心是害怕失去与他人、与外界的联系。人们害怕伴随死亡而来的无边无际的孤独和寂寞，死亡的后果会对在关系中建立起来的"我"和"内在世界"造成致命威胁。缺乏关系性联结——不管是生理上、心理上的，还是社会文化上的，都将使个体陷入孤独的境地，焦虑也随之萦绕在心头。

这个世界跟"我"没有任何关系之后，"我"的世界的任何东西也都不再属于"我"。"我"是谁？我们总是通过我们的家人、房子、工作、朋友、财富、名望等来解释和说明这个问题，它们构成了我们的现实世界。但是，死亡会无情地夺走这些我们所熟悉的支撑物，令一切不复存在。死亡的来临将个体身上的现实关系破解，使之归于赤裸裸的、孤立的个人，而且断绝其与外界的联系通道，使生命丧失广延空间，从而造成孤独焦虑。

最后是害怕丧失未来。按照海德格尔的说法，活着意味着任何可能性的存在，而死亡则意味着"一切不可能"。我们的本能欲望是要活着，是延续生命，而死亡却无情地终结了我们所熟悉的一切。没有供我们支配的时间，我们便没有了未来，一切因为死亡而凝固。死亡作为终结，切断了时间的绵延，过去种种皆成空，未来陷入虚无，生命不再延续。"我将归于何处？"死亡令我们陷入深深的远景焦虑中。

我们如何才能不焦虑?

想要面对死亡而不焦虑,就要接受死亡,但接受死亡并不意味着消除对死亡的焦虑。事实上,我们正是通过对死亡的焦虑体验,才能最终走向对死亡的接受。更何况,生命的存续与完善也离不开死亡焦虑的内在驱动。

因此,我们应在努力培养自己对死亡的接受能力的同时,坦然接纳自己恐惧死亡的本能,不必为此忧心忡忡。要以积极的心态看待这种恐惧,并对别人的恐惧保持共情,这才是我们应有的态度。也只有这样,才能真正做到向死而生,找到缓解死亡焦虑的良方。

摆脱死亡焦虑的关键在于建立对死亡的理性自觉,即培养接受死亡的理性能力。

对死亡的理性认知需要通过死亡学习来建立,这一过程也可称为"死亡教育"。在现代社会,人类逐渐疏离自然,死亡日益被负面化呈现,我们也离死亡的真相越来越远。因此,学习认识死亡成为现代人的必修课。在美、英、德、日等国,死亡教育普遍被界定为"为死亡所做的准备教育"。死亡是不能预先去体验的,所以我们必须把死亡当作一个切身的问题,不仅要去探索生与死的意义,而且要时刻保持自觉,为自己及他人的死亡做好心理准备。

死亡教育具有显著的储备效应。所谓储备效应,是指当个体面临特殊时期——尤其是经历生命无常或死亡提醒，能够凭借长期在家庭环境中所感受与领悟到的生死智慧，从容、坦然地面对生死问题，从而获得超乎预期的积极转变。

死亡焦虑本质上是一种深层的生命信仰危机，只有建立坚定的生命信仰才能缓解这种焦虑。但需要注意的是：这种信仰并非通过冥思苦想就能获得，而是源于生活实践。

当你用心生活时，终会发现生活的真相，这些真相多是借助生活中的苦难体验呈现的。当真正经历过生活洗礼后，人便会逐渐走向理性成熟，正如罗曼·罗兰所言："真正的英雄主义是得知生活的真相之后依然热爱生活！"这正印证了"曾经沧海难为水"的深刻哲理。生命的信仰并非轻而易举便能建立。瑞典导演英格玛·伯格曼在《第七封印》里告诫人们："信仰就像躲在暗处的爱人，任凭怎样呼唤也不现身。"这句话或许是一个提示：既然呼唤无果，不如亲身走进黑暗。毕竟，不走进黑暗，怎能见到光明？活着，经历并思考苦难，当你真正穿越生命的至暗时刻，信仰便会降临，赋予你力量。

死亡实践也是缓解死亡焦虑的有效方式。这里的"死亡实践"包括死亡游戏和死亡体验活动，泛指一切以死亡为主题的行为或体验。法国医生兼作家安德烈·吕兰曾提出一个简单的建议——不妨去墓地走走，提前适应死亡。而现代人发展出的各种死亡体验，如死亡游戏等，也能缓解对死亡的恐惧与焦虑。

　　民俗活动也有些非常重要的死亡实践。从人类学的角度看，民间有关死亡的节日具有帮助人们克服死亡恐惧、接受生死自然规律的功能。例如墨西哥的亡灵节，以及中国传统民俗中多样的鬼节礼俗，这些民俗既能表达对逝者的怀念，更能帮助我们适应死亡的种种意象，在一定程度上产生缓解焦虑的疗愈效果。

第33讲

死亡尊严：人之底线的最后坚守

人类无法逃避死亡，但求得有尊严的死亡却是人类永恒的终极诉求。这充分体现了人类生命的神圣与伟大，也是人的高贵所在。郑晓江教授指出，人固然要求得到生的尊严，但也绝不可没有死的尊严。人既然只有一生，当然要去获得生的尊严，而人也只有一死，当然也应该毫不犹豫地去积极获取死的尊严。那么，什么是死亡的尊严？死亡的尊严本质是什么？

死亡的尊严可以从两个方面去理解。一方面，死亡总是令人敬畏。这是普遍意义上的死亡尊严。生命是神圣的，因而死亡也应当是神圣的，对任何人的死都应心存敬畏。另一方面，每个人的死亡都值得尊重。这是特殊意义上的死亡尊严。个体在死亡面前所表现出来的某些行为、品质和德性，使其死亡受人尊重。

对人而言，死亡具有两重性。

一方面，死亡是生命的自然规定，这是死亡的必然性。在本质上，死亡是生命的完成与成熟，如同苹果成熟后自树上落地，花朵凋谢后落入泥土般自然。这是生命的自然结局，无人能够幸免。显然，正确面对死亡的必然，是获得死亡尊严的首要条件。

另一方面，死亡又是生命的异己力量，这来源于死亡的偶然性。死亡以偶然的形式降临，其时间、地点和方式都具有不确定性，每个人的命运也因此存在巨大差异。死亡之所以让一些人恐惧，正是因为其偶然性对生命的破坏与毁灭，以及其不可预测与不可掌控的特性。如何面对无常的死亡，构成了死亡尊严的核心议题。

死亡尊严的本质在于遵循死亡的必然性，克服死亡的偶然性。

死亡是生命的内在属性，而人的生命本质既是自我意识的存在，也是社会关系的存在，即人格生命和关系生命的统一。因此，死亡尊严的内容应包括自我和社会两个维度的建构。

自我维度上的死亡尊严，包括以下两个方面。

第一，死而为人的尊严。有尊严的死首先是"人的"死。生而为人，当死亡来临时，表现出应有的理性、勇气和担当，并从容、淡定地走向死亡，这就是最基本的死亡尊严。反之，当死亡来临时，惊恐万分，丧失理性，没有勇气和担当，那才是真正的没有尊严。

在死亡面前镇定自若，保持自我人格的同一性，这就是费尔巴哈所说的"以人的方式"死去，用通俗的话说就是"死得像个人"或者说"像个人一样死去"。孔子的学生子路被人乱箭射中以后血流满面，临死时他还端正了自己的帽子，这正表现了死亡面前人的庄严与神圣；仁人义士不惧死亡，在英勇就义前所展现的或从容淡定或慷慨激昂，至今仍然深深地印刻在人们的脑海中，被后人作为榜样称颂，流芳百世，名垂千古；科学家沉浸在探索科学真理中而无视死亡威胁，古希腊学者阿基米德在敌军将利刃架在其脖子上时，仍请求对方："你们等一等再杀我，我不能给世人留下不完整的公式！"

第二，死而为"我"的尊严。任何死亡都是"我的"死亡，因而，面对死亡的无常，应充分展示自己的优雅与从容，这是死亡尊严的根本前提和核心。每个人都不能亲历自己的死亡，但每个人都可以以其显著的个人方式死亡。"有尊严的死"即那种合乎主体自我意愿的死亡，这里强调的是生命个体的自主权利，以及在生命末期死亡尊严的多样性与多元性。因为死亡无可替代，每个人都得死去，每个人都以自己的方式且应以自己的方式死去，无法统一要求，这一点是无可争议的。也只有这样，个体的死亡才值得尊重。

在黑泽明导演的影片《生之欲》中，主角渡边勘治以自己的方式与死亡造成的虚无抗争，在承受胃癌病痛的同时，忘我地投身于修建儿童公园的工作之中。在新公园落成典礼当天，他坐在秋千上，在飘雪中悄然离世。谁也不知道他一直在与胃癌殊死搏斗。这个结局表明，即使到了生命末期，人们也能够以各自保有尊严的方式活到最后——并非只有躺在医院的病床上安详离世才是有尊严的结局。

死亡的自我决定充分体现了人的理性力量。谁都无法改变死亡的必然，但每个人都能够决定自己怎样面对死亡。对死亡的时间、方式的自我决定，体现"我的死亡，我来决定"。其实质就是，面对死亡的来临不进行任何人为因素的干扰使其推延或提前，让人在遵循自然死亡的前提下选择合乎自己意愿的方式维护死亡的尊严。而选择如何处理自己的葬礼、遗体（包括器官捐献）等，则将死亡的决定权延伸到身后，是死亡尊严的进一步体现与维持。

除了个体维度上的死亡尊严，还有社会维度上的死亡尊严。

死亡的尊严离不开来自社会和他人的敬畏与尊重。社会对死亡的敬畏与尊重是生命神圣性的必然要求，是一种普遍意义上的死亡尊严。其实质就是"被当作人对待"，即个体无论是在死亡过程中，还是死后，都能够被"以人的方式"对待，这是死亡尊严的他者向度，具体内容包括：得到起码的尊重，避免侮辱；拥有体面的告别仪式或葬礼；生前遗愿得到遵从，等等。

死不受侮是死亡尊严的底线。即任何一个人，即便其在生前问题多多，在其死后，其遗体应受到作为一个人应有的尊重，这是现代人类文明的人性化要求。一个人，即便生前做了不少坏事，但是他作为一个人依然拥有人的尊严的权利，而死后他自己无法亦无能维护这种尊严，只能是委托社会代理。死者被尊重为人，即以人的方式对待，折射着我们对自己尊严的维护。

死后有葬，是最基本的死亡尊严。在人类文明之初，便有对同类的遗体进行安葬的习俗。人类殡葬文化与死亡尊严观念源于同一逻辑起点。东西方文化在保障人的死亡尊严上，都有非常明确的殡葬伦理规定。

死亡尊严还包括生前遗愿得到遵从。一个人的存在是过去、现在和未来的时间绵延，其生前意愿应被视为其人格连续性与同一性在死后的延续。这本质上要求生者予以遵从。

日本电影《入殓师》中有一个细节体现了对逝者的尊重。年轻的入殓师在处理逝者入殓事务时，起初逝者身着女装，但他工作时发现逝者的生理特征为男性——原来是一位跨性别者。短暂的迟疑之后，他与家属进行了沟通，最终为尊重逝者生前意愿，为其化女妆、穿上女服。这个细节体现了对逝者自我认同的维护，也是对逝者尊严的尊重。

一个人的死亡尊严涉及生前身后，但任何一个走向生命临终的个体都是相对的弱者，他们已然无力去维护，需要活在世上的人去给予足够的关照与帮助。在人世间，没有人是一座孤岛，任何人的死都跟其他人有千丝万缕的联系，对死者尊严的维护本质上就是对人们自己尊严的维护。

第34讲

临终心理：垂死者也有完整的人格

　　人们是如何走向死亡的？这个问题有两个层面：一是个体如何在心理层面接受死亡，二是个体在临终过程中所表现出的状态。前者涉及临终心理，后者涉及临终质量，而这两个方面实际上又是交融在一起的。

　　这一讲，我们聊聊临终心理的话题。

　　什么是临终？临终是将死的婉辞。查死亡辞典《死雅》，可知与临终同义的词有：临命、临卒、临绝、临死、临亡，及僧尼所称"临寂"等，多达十余条。

　　临终特指临近生命最后阶段的死亡，而非生命全过程中的死亡。自生命一出生便有死亡相伴随，"出生入死"，没有死，便没有生，显然，这是生命的全过程，而非临终。临终面对的是生命终结的死亡，是生彻底退出的过程。很多时候，我们将临终等同于垂死，两者都是生命不可逆地走向死亡，但两者又有区别：临终在时间上应该长于垂死，强调死亡的过程性，而垂死则强调死亡的临在性，大概属于临床死亡期。

如何界定生命临终？

界定生命临终是一件严谨且严肃的事情。临终就是指临近依靠医学科学的诊断确定的患者的存活期限，它包含三个最基本的条件：第一，在现有医疗技术下已无存活之可能；第二，已进入不可逆的死亡过程；第三，生命剩余时间不多。在现代医学精确诊断下，当疾病发展到无法治愈阶段时，通常可根据身体主要器官功能与疾病发展程度推测大致的存活时间。

临终是对生命的限定阶段。因此，准确界定生命临终期非常重要。无论是古代社会还是现代社会，个体一旦进入临终期，医疗行为便告终止。对个体而言，面临生命大限将至，如何走向死亡是每个人都必须面对和解决的问题。

如何理解临终的本质？

临终的本质就是"我的死"的来临。伊丽莎白·库伯勒-罗斯告诫我们：理解临终的本质，我们不要从护士的角度，亦不要从医生的角度，更不要从家人的角度来看，而是要从病人的角度来看。我们要明确的是，关于生命临终，最大与最根本的难题是个体如何面对自己的死，这是一个人真正的死亡，也是一个人自己的死亡，是平生唯一的，也是最后的死亡。世界上，没有什么比这个给自我造成打击更大的了。

人的生命临终是生与死的最后交会，它是生命的最后阶段，是走向死亡的过程。因此，生与死的矛盾与纠葛贯穿于生命临终过程中，而生死矛盾的终结就是死亡的真正来临。这就是所谓的绝对死亡，是将生彻底清除的死亡，是哲学家费尔巴哈所说的"死亡的死亡"。谁人不怕，何人不惧？

个体临终心理是怎样的？也就是说，他的本能反应是怎样的？

临终心理，本质上是指个体步入生命临终阶段时，对待死亡的心理变化过程。

由于受到传统文化影响，我们对死亡普遍采取回避态度，对临终心理的探讨也就相对缺乏。相对而言，国外学者对临终心理的探究更具代表性，为我们理解临终心理提供了很好的参考。

临终心理研究始于心理学家伊丽莎白·库伯勒-罗斯，她从1965年开始，在芝加哥大学医学中心对200多位临终病人进行临床观察研究。通过与这些病人进行深入、系统的交谈，并开展细致的观察，她收集了描述性研究资料，最终整理成《论死亡与临终》一书。该书于1969年出版，首次提出了临终心理五阶段理论。

她的研究告诉我们，当一个人被告知患上绝症时，其内心不可避免地会经历一系列的发展过程。她将其描述为五个阶段。第一个阶段是否认期，表现为拒绝或怀疑诊断结果，试图推翻自己患上绝症的结论。第二个阶段是愤怒期，表现为抱怨命运的不公，怨天尤人，甚至无理取闹。第三个阶段是协商期，表现为试图与外界讨价还价，延缓死亡的到来。第四个阶段是抑郁期，此时病人有一种巨大的失落感，沉默寡言，对一切事物都很冷漠，周围事物很难激发他们的兴趣。第五个阶段是死亡接受期。走向死亡的临终者发现自己那种"超脱现实""超脱自然"的需要压倒了一切，心境产生了巨大的转变，表现为平静地接受"死亡"到来，他也许会说："我累了，操劳了一生，现在该休息了，也需要休息了。"对病人来说，这是人生漫长旅程最后的平静与休息。伊丽莎白·库伯勒－罗斯认为，这种心境的发生，是生命最后阶段的"成长"，是人的生命即将跨入死亡门槛时的最后一次升华。

　　当然，具体的个人情况各不相同，并不是每位临终者都会完整地经历这五个阶段。

　　对临终心理的研究，众多医学家和心理学家从不同角度与不同层面展开，因而得出不同的结论。这从一个侧面说明了人们临终时复杂的心理过程。但无论情形如何复杂多样，总体来说，通常会经历由抗拒到妥协，最后到接受的过程。

　　究竟有哪些因素影响着个体临终心理？

个体临终心理受到客观因素、主观因素以及人际关系三个因素的影响。

首先是客观因素。同为疾病，慢性疾病到了疾病末期即是临终期，个体心理反应不会太剧烈，而是较平缓与平和；而突然间被告知患上绝症，则往往是一生中断崖式的生死遭遇，其心理反应便会很强烈。

其次是主观因素。临终心理与过去的个人心理储备相关。一个人如果接受过生死教育，或者对死亡有较理性的认知与觉悟，具有相关的知识储备，那当他临终之时，他多半会处变不惊，冷静以对。相反，若平时对生死话题敏感而忌讳，一旦获知自己患上绝症，其心理反应必定强烈而复杂。

最后是人际关系。这包括家庭、亲友的互动。在充满家庭关爱、亲友思想开放、关系和谐的环境下，个体能够坦然面对死亡。相反，若独自面对临终，往往会表现出强烈的死亡焦虑与内心恐惧。

关注与了解个体临终心理意义重大。

临终心理的研究，对于人类认识自身的死亡具有不可低估的理论意义。

纵观历史，人类并非一直是将垂死者当人看待的。在东西方历史上，都曾经有过关于弃老、将垂死者抛弃的习俗。在原始社会早期，当部落面临食物短缺时，将病弱之人杀掉更是一种常见选择。随着人类社会生产力的发展以及文明的进步，才逐渐形成尊重老人、善待病患的道德与文明。而对临终者心理的研究，是人类文明发展到20世纪60年代才出现的。

临终心理理论为家庭和社会对临终病人实施人道化对待提供了理论依据，它告诉人们，垂死者也具有完整的人格，从而将生命的尊严还给临终者。

在过去相当长的时间里，虽然我们对临终病人秉持尊重、关怀与爱的道德伦理，但对临终者作为一个完整的人却了解不够。更多的时候，临终者被理解和建构为一个"等死"的角色。比如，在很多情况下，步入临终阶段后，个体的所有诉求都理所当然地被家人或照顾者包办，临终者似乎只是一个被动接受照顾的对象，这种"被关怀"难免剥夺了生命个体的主体资格。显然，这不符合现代社会的生命丰富性、复杂性与个性化需求。生命个体理应在自己的临终阶段表现出自我的人格诉求，并得到承认与尊重。而要做到这一点，我们就要进入临终者的内心世界，了解他们面对死亡的复杂心理情绪。临终理论，尤其是伊丽莎白·库伯勒-罗斯的理论，其不朽意义在于临终主体的自我建构——个体的临终不再是物化、对象化、客体化的存在，不是等死和被消灭，而是自我生命最后的完成和升华。

对临终心理的研究表明，死亡本质上是生命的有机构成部分，任何一个人，在进入临终过程之后，只要这一过程尚未结束，我们就应该将其视为完整的人，给予其尊重，了解其当下的内心需求，为其提供人性化的照护，从而帮助其安详地走向生命终点。

第35讲

安宁疗护：生命最后的幽谷伴行

无论个体正在经历或即将经历怎样的临终心理过程，最终都要接受死亡的必然结局，这是既定的事实。然而，这一过程极具艰辛与苦难，而临终者作为绝对的生命弱者，更需要来自家庭和社会最后的关爱与照顾。因此，充分了解临终者的心理，目的在于更好地尊重和关怀临终者，以爱相伴，幽谷伴行，在为踽踽独行的临终病人带去人间温暖的同时，也收获自己心灵的成长，从而达到生死两安。这一讲，我们便来聊聊安宁疗护。

首先，什么是安宁疗护？

2008年，世界卫生组织（WHO）将安宁疗护定义为对治愈性治疗无反应的临终患者，给予积极和全面的照顾，以控制疼痛及有关症状为重点，并关注其心理、精神及社会需要，目标在于提高和改善患者及其家属的生活质量。2015年对安宁疗护重新定义：是一种改善面临威胁生命疾病的患者及其家属的生活质量的方法，主要通过早期识别、评估和治疗疼痛及其他生理、心理、社会和灵性问题，预防和缓解他们的痛苦。

安宁疗护的核心要义，包括三个方面：第一，回归生命的自然本质，将临终视为一种正常的生命过程，既不加速死亡也不拖延死亡；第二，帮助临终者缓解疼痛及其他不适症状，并给予其心理、社会等层面的全面照顾；第三，帮助临终者尽可能地积极生活，直至生命最后一刻。

安宁疗护是对处于生命末期的个体予以人性化对待的一系列理念、技术和制度的总和，其核心是去医疗化，避免无意义的医疗抢救，立足点是维护临终者的生命尊严，旨在提升临终阶段的生命质量。这正体现了法国学者贝尔特朗·韦热里在《禁止死亡》一书中所告诫我们的："应该以生命的观点看待死亡，不要以死亡的观点看待生命。"基于这一认识，以生命的观点看待临终，安宁疗护就是让临终者获得有尊严的照护，这正是倡导安宁疗护的伦理本质。

其次，安宁疗护的基本内容是什么？

临终患者的需求主要表现在身体、心理、社会三个方面，因此安宁疗护的基本内容包括全身照护、心理安抚和社会支持。全身照护是基础，需将病痛与身体不适症状减轻至患者可承受的程度，同时保持患者身体的整齐清洁，并关注因疾病导致的外形损毁或心理痛苦。

安宁疗护的焦点是如何面对身体的病痛与完整性。在常规的疾病诊疗中，病痛是疾病康复的必要代价，而对身体实施各种手术也是治疗疾病的手段。等到疾病被治愈，病人身体的病痛会自然消失，手术造成的伤口也会逐渐愈合。但处于临终过程中的病人已经进入不可逆的死亡阶段，身体的自然修复能力已不可逆地丧失，病痛也难以消除。因此，缓解身体上的病痛，保持病人身体的清洁与完整，既是安宁疗护的首要任务，也是安宁疗护有效实施的前提条件。

心理安抚是关键。到了临终时期，多数病人会有严重的失落感与挫败感，这就需要对他们进行心理安抚：一是引导病人面对和接受疾病状况，帮助患者应对情绪反应，让其以乐观顺应的态度度过生命临终期，从而舒适、安详、有尊严地离世；二是鼓励病人和亲友参与生命叙事，亲友陪同病人一同发现其一生的意义与价值，并真诚表达内心的爱，让病人感受到亲友对他的认可与感恩；三是走进病人的过往，帮他回顾走过的美好时光，在真切的生命回顾中，病人能够真诚地与世界道别，达成人生的完美收官。

安宁疗护通过鼓励亲朋好友到病房探访，鼓励陪伴以及关心病人的家庭等方式，为临终病人提供社会支持，让病人感受到自己虽然处于临终状态，但依然没有被社会抛弃。

最后，安宁疗护的基本理念是什么？

虽然对此有许多探讨与描述，但最基本的便是生活理念和家庭理念。提升临终病人的生命质量，让病人能够好好地活到生命终点，这就是安宁疗护的生活理念。而对临终病人而言，谁能够和在哪里提供他所需要的生活？当然是家庭，这就是家庭理念。

我们首先来看生活理念。安宁疗护曾经有一个很好听的名字，即宁养。宁养，实质就是通过减轻病人的疼痛，使之能够在生命的最后阶段过上有质量的生活，而不是进行过度治疗。

生活理念是安宁疗护的首要理念，因为能够过上有质量的生活本身就是尊严的体现。

有一部名为《遗愿清单》的电影，讲述的正是两个步入生命临终阶段的老人如何克服对死亡将至的恐惧，勇敢地追求生活真谛的故事。一位是辛苦了45年的汽车技师，另一位是亿万富翁，两人都患了不治之症，碰巧住进了同一间病房成了病友，而后又被医生告知只剩半年生命。两人共同经历了从抗拒到接受死亡的临终心理发展阶段。汽车技师年轻时也有过梦想，但在过去45年里，他始终为生活奔波，放弃了许多自己喜爱的事物。他觉得45年光阴转瞬即逝，在最后的时光里应该做回真正的自己，便列了一个单子，写下了死前要做的事情。亿万富翁觉得挺有意思，也写下了几个愿望，并出资与汽车技师一块儿来了场临终大冒险活动。他们高空跳伞、文身、驾驶跑车挑战极限赛道、骑着摩托车狂飙，前往埃及看金字塔，到印度参观泰姬陵，携手环游世界。在生命最后的岁月里，两人终于领悟到了生活的意义——他们离世时虽然闭上了眼睛，心灵却前所未有地敞开。这部影片告诉人们：人生短暂，别让余生留有遗憾，临终时光同样属于生命的重要组成部分。

当然，相当多的临终病人可能由于身体疾病影响，不能做冒险之类的事情，但难道就只能被束缚在病床上，度过生命最后的时光？安宁疗护正是要为临终者创造适当的环境，让他们能够在这生命最后的宝贵时光里体验生活的意义。

生活当然离不开家庭。家是温暖的港湾，是心灵的寄托，是生命的最终归宿。在我们的传统文化中，家的意义非比寻常。

临终患者渴望回家，本质是希望在生命最后时刻与亲人相伴。至于是否身处故乡或某所特定的房屋，反而没那么重要。让临终者与亲人相聚，既能提升其生命质量，也能让他们保有尊严。

在央视纪录片《人生第一次》第九集《相守》的开头，有这样一个问题：一个人上午被确诊为癌症，那他中午会做什么？

答案是：吃饭。

"一起吃饭的地方，就是家"。

长期以来，我们对临终的关注无不集中于时间："病人还剩下多少时间？我们应该怎么做？"我们却忽视了空间在生命中的意义，特别是空间在临终阶段的意义。实际上，临终者最大的恐惧除了来自时间的有限性，还来自空间的局限性。个体在生命最后阶段经历着死之逼近与生之退出的悲怆与无奈，其中最直观的便是从生活和家庭空间中退出，到最后被束缚在病床上，长达数月甚至更长时间。因为卧病在床，往往与现实环境相隔离，空间的萎缩是临终者最大的不幸。

临终者在最后阶段除了为"还剩下多少时间"而焦虑，更多的是思考"我应该在哪里""我要回到哪里去"，这是一种空间焦虑。

面对临终阶段生命的短暂性，将关注点转向空间是对临终者的根本关怀之道，更是安宁疗护的基本策略。

安宁疗护旨在维护生命末期的质量与尊严，致力于为临终者营造相对人性化、舒适的空间环境。通过打破空间束缚，消除临终病房带来的压抑感，尽可能让病人处于一种开放或可想象的空间中，即便无法回到家庭，也可通过营造熟悉的环境来缓解病人的焦虑——比如在病房摆放家中的手工制品、绿色植物等病人熟悉的物件。即便在临终过程的后期，也能通过合理的空间布局与摆设来丰富病人的空间体验。

病榻前的陪伴就是给病程中的亲人一个家。

在中国传统农村，老人一旦病危，妻儿子孙环绕在病榻周围，房间里充满浓郁的伦理亲情。传统家庭伦理有一条重要的内容，那就是竭诚奉亲、侍亲在侧，即"亲有疾，药先尝，昼夜侍，不离床"。而"父母在，不远游，游必有方"的孝道伦理有力地维系着这种病榻前的陪伴关系。传统中国人的福气，就包括在亲人的陪伴下寿终正寝。

但在现代社会，疾病处理专业化，疾病末期的个体基本上是在医疗机构走完生命最后的旅程。对某些个体而言，这未必是其所愿。医学人文学者王一方教授指出，绝症病人最绝望的事不是疾病本身，也不是病痛本身，而是极强烈的被抛弃感，这让他们感到无比痛苦。

病榻前的陪伴无疑是最深情的守候，带给亲人以莫大的欣慰。"亲人在处即是家"，当亲人卧病榻，我们的陪伴就意味着家的存在，哪怕是我们喂给他的一勺饭、一口水，对他说的一句话，甚至我们存在的气息，都会让他从中获得安全感、归属感与依赖感。他或许永远无法回到那一生一世的家，但通过我们的陪伴，他的内心能够感受到家的存在。这种亲密无间的共存，足以弥补病患因为被送往医疗机构而导致的传统意义上家的缺失。

在病人生命的最后阶段，在他丧失所有的知觉能力之后，我们的陪伴如同幽谷伴行。我们用爱照亮亲人的心灵归途，让亲人在陪伴中与死亡和解。借此，我们也能发现生命的意义，并为下一代树立极好的榜样。

第36讲

生死两安：学会陪伴，学会放手

人一出生，便踏上了一趟没有返程的生命列车，生死交替是这趟生命列车上不断上演的剧情。可以说，人生是一场告别的盛宴，也是一趟追求善终的修行。我们应该怎样面对亲人的离世？什么样的告别才是最好的告别？这是每个人都必须面对并予以解决的问题。

世上有两种告别：无准备的告别和有准备的告别。

最令人悲痛的是无准备的告别，这是一种生与死之间的断裂，逝者临终得不到生者眷顾，生者对逝者最后的遗愿无从知晓。这是死亡突然发生所导致的没有过程的断裂式告别，它往往令我们措手不及，给我们带来巨大的丧失创伤。无准备的告别本质上就是不告而别，给我们无法承受的悲伤。

而有准备的告别，是在长期相处之后，死亡来临时，逝者坦然，生者释然，是生与死之间的和谐相融。对传统中国人来说，有准备的告别就是一种福气。在敦煌壁画中，有一幅题为《自行诣冢》（约公元781—847年间）的作品，这是我国现存较早描绘生命临终时生离死别的珍贵画卷。画中一位银须飘逸的老人端坐在坟茔中，与家属亲友告别，老伴以袖掩面，面容悲怆，而老人神态安详，拉着老伴的手嘱托后事。这幅画生动地表达了人们对死别的真实感受，画面庄严而美好。

如果承认死亡是生命的本质，就必然认识到临终告别是生命中的自然与常态；发生在生命常态中的告别，也必然是有准备的告别。那么，我们就不应该等到亲人离开时才草草告别，而应该趁亲人在世时，陪伴他们走过生命最后的旅程，充分地表达爱与被爱。当父母子女间填充着陪伴与爱时，又何来死不瞑目的离世之憾？何来不堪忍受的丧亲之痛？

有朋友感慨道："有时间的时候不懂得陪伴，懂得陪伴的时候没有时间。"这句话深刻而精辟地表达了因未做好准备而告别的人生遗憾。

人为什么需要陪伴？我们面临着怎样的现实困境？

我们必须明确的是，陪伴既是一种现实的生命关系，也是一种长期的生命过程。作为生命关系，它内在地包含生死关系；而作为生命过程，它则始终伴随着生死的相互作用。因此，陪伴最根本的内涵在于对生死的直面与应对。

　　陪伴源于人既独立又依赖的矛盾两重性：一方面，人具有独立性，自降生于世便具备独特的生命轨迹，人的生死必须亲身经历，这一过程无法被其他人替代；另一方面，人具有依赖性，每个人的生命轨迹都不可避免地与其他人相互关联，任何个体都离不开他人，从而形成彼此需要的生命共同体，尤其是在血亲家庭中。由此，人与人之间建立起既各自独立又相互依存的关系。

　　在人的一生中，其独立性与依赖性是不断变化的，正如古希腊神话"斯芬克斯之谜"所揭示的那样："早晨用四条腿走路，中午用两条腿走路，黄昏用三条腿走路。"这种变化导致了陪伴关系的变化。人的成长始于陪伴，初生的婴儿是在父母等家人的呵护与陪伴下长大的。儿童时期，死亡被理解为父母离开他，不再陪伴他。"妈妈不在了"意味着妈妈不再陪伴他了，于是孩子会感到很伤心。

　　个体成长的过程往往是与父母逐渐疏离的过程，即所谓"翅膀硬了，要飞走了"。随着独立性的增强与依赖性的减弱，子女对父母的陪伴需求趋于减少，再加上求学、工作、结婚等因素的影响，父母与子女间往往"渐行渐远"。

　　可是，随着时间的推移，当年幼的个体走向强大、走向独立之时，恰恰是年长的个体走向衰弱、依赖的时候，陪伴者与被陪伴者的角色往往在不知不觉中发生了转换：年幼的一方独立性渐强，年长的一方则依赖性增强。父母年龄增长，不可避免地步入老年，这是一个丧失的阶段，是一个由强到弱转换的时期。遗憾的是，人们对父母的陪伴需求却一直关注不够。很多时候，我们对渐渐老去的父母心不在焉视若无睹，总在忽略。

我们正处于生命陪伴"有始而无终"的现实困境。古人说"靡不有初，鲜克有终"，我们对新生命的降生无不欢欣鼓舞，给予无微不至的照顾与陪伴，然而对正走向生命终点的亲人却往往疏于照料，这不能不说是种遗憾。正是这种处境造成了无准备之告别的悲伤苦痛。因此，要想摆脱这一困境，必须重视对日渐衰老的父母的陪伴，真正做到"你养我小，我养你老"。

对父母的陪伴就是走进父母的生命，陪他们变老。

众所周知，生命是一种时间性存在。而在生死哲学视角下，我们的生命意识中普遍存在时间的个体化倾向，即每个人都以个体自我为时间轴心，困于"我的"生命轨迹，这就是时间不同轨的生命意识。这是由生死的个体亲历性与不可替代性所决定的。这种生命意识有重要的自我保护作用，即将死亡置于个体之外，形成一种回避死亡的时间观念。它所表现的是"别人都会老去，唯独与我没有关系"，因此对其他人的生老病死难以产生代入感，最多只是旁观，甚至对身边亲人的衰老也视若无睹。

　　突然有一天，你会在不经意间发现一些平日没有注意到的真相：母亲老了，动作不再敏捷了，父亲不再如往昔那般强壮有力了，干活不多久便气喘吁吁。这就是歌曲《烛光里的妈妈》、朱自清的散文《背影》中所描绘的。我们观察到的衰老意象无疑是一次死亡提醒，它告诉我们：我们的生命与亲人的生命并不是不相交的平行线，而是息息相关。这就是我们谁都不愿意接受，却实实在在地发生着的人生困境：当我们正处在生命上升期时，我们的父母却正步入生命的晚年。我们与父母的生命轨迹似乎朝着相反的方向行进，我们的每一次生命的成长，无不以父母生命的减退为代价和前提。

　　老去是无情的宿命，谁也无力阻止，但我们不能无动于衷。所谓"树欲静而风不止，子欲养而亲不待"，尽孝要趁早。就像所有的父母都不愿缺席子女的成长，我们也不应缺席父母的衰老。至亲之情不应该是看着彼此渐行渐远的背影，而应该是"你养我长大，我陪你变老"。

　　衰老中的父母内心往往充满着矛盾：一方面，他们对家庭充满愧疚，总觉得不仅不能再为家庭做贡献，反倒成了家庭的负担；另一方面，衰老令他们的世界风雨飘摇，他们对家庭、对子女的依赖越来越强烈。这种心境很容易导致父母产生断崖式的衰老体验。而来自子女的陪伴则能告诉他们："有我在，我会一如既往地爱着你们。"这无疑是父母那艘风雨飘摇的生命之舟里的压舱石，是对他们最大的慰藉。因为子女的陪伴就是他们的依靠，这让他们知道自己并不是老无所依。即便他们面临死亡，家庭的爱依然还在，这令他们无所畏惧，他们会变得积极，享受晚年生活，在衰老的过程中优雅从容。

在这趟没有返程的生命列车上，总会有人先于我们下车，包括我们的父母。纵然有万般不舍，我们也无法抗拒。当亲人深受疾病困扰而康复无望时，我们应该如何面对？在亲人疾病终末期，懂得放手或许是最好的告别。

医学能医百病，让人不死吗？对此，我们必须理性地做出回答。

现代人的正常死亡多为疾病所致，在城市化程度较高的地区，约85%的病人在医院去世。这是一种看似矛盾的现象：医院是救死扶伤的地方，却也是许多人走完生命最后旅程的地方。这看上去与很多人"医乃活命之术"的观念大有出入。

实际上，面对疾病与死亡，医者也有万般无奈。美国医生爱德华·特鲁多的墓志铭写道："偶尔是治愈，常常去帮助，总是在安慰。"这句话精辟地揭示了医学的本质。医学怎么能是活命之术呢？

"偶尔是治愈"，治愈是小概率事件。从生命必死的意义上讲，医学在治病救人方面所产生的作用是相对且有限的，并不能从根本上杜绝疾病的发生从而抑制死亡。从终极意义上讲，医学不能治愈一切疾病，不能治愈每一个病人。因此，不要盲目夸大和相信医学的"本事"，更不要对医学产生不切实际的幻想。

"常常去帮助"，从旁帮助是大概率事件。从古至今，一切医学技术都是对身处困境者的帮助。医学的作用只是帮助而已，不必渲染夸大其"神奇"。通过医学的帮助，人们才能够找回健康、保持健康、传承健康。

"总是在安慰"，这是医生的绝对状态。面对生命必死的命运，医学应当有的人文精神，是在生命平等基础上的情感表达。安慰是医学的一种神圣责任，它应饱含情感，绝不能敷衍了事。医学人文学者王一方教授曾指出，其实医生还有另一重身份，即"冥河摆渡人"，摆渡人的工作不是绝地反击，也不是逢凶化吉，而是深情地陪伴、呵护、见证，给病人带去魔法般的安慰，让病人与死亡和解，从而获得灵魂的安顿。

由此可见，敬畏生命、尊重自然是医生的根本立场与情怀，也是对医学进行价值评估的依据。在此基础上，我们应该如何面对亲人的疾病末期呢？治疗还是放弃？

在现实生活中，我们总面临着生死难两安的困境：一方面是临终病人家属陷入"继续治疗还是放弃"的两难抉择，另一方面是临终病人在生命末期的生存质量普遍低下。

在亲人疾病末期，放手也是爱。

　　既然病人已进入不可逆的临终时期，就可以考虑放弃无意义的治疗，以姑息疗法替代创伤性治疗。姑息疗法旨在将人生最后的有限时间留给患者自己去支配，而不是浪费在"象征性"的医疗抢救之中。"象征性"的医疗抢救不仅占用了病人生命的最后时间，而且往往令其身体受损，毫无尊严，明智的家人理应认识到这一点，与医护人员共同做出最符合患者利益的选择。

　　在现实中，也有不少因为家人的明智决定，病人的临终质量得到极大的提升的实例。比如，在2011年，浙江大学有位医学博士，在得知父亲身患恶性肿瘤且已是晚期之后，决定拒绝"象征性"的抢救，要让老人安静离世。他没有选择放疗化疗，而是把父亲送回了浙江诸暨老家，让父亲安享最后的人生。他一直陪着父亲待在老家，每天都有老朋友前来拜访，他们一起下下棋，钓钓鱼，想吃就吃，想喝就喝。最后，他的父亲有质量、有尊严地度过了生命的最后阶段，从容离世。

　　如果我们站在临终病人的角度，遵循并服从生命必有死的自然法则，或许我们就会明白，放手才是最好的决定。美国作者玛丽·凯瑟琳·菲什在《直到地老天荒》中记载了她深爱的丈夫汤姆在罹患脑瘤后，她与丈夫共度的最后岁月："在汤姆生病的过程中，我的想法不断改变。起先我希望他能够痊愈；然后我接受他会有'缺陷'的事实，只是希望他能活着；接着我开始接受他将要死去的事实，希望他能够舒服点；再然后我知道我能给他带来的舒服极为有限，死亡是自然提供给他的最好的解脱。"

放手并不是无可奈何之举，而是一种积极的选择。放弃不必要的、无意义的治疗，使病人从层出不穷的医疗束缚中解放出来，将生命最后的宝贵时间还给病人，让病人能在生命的最后时光，从容地安排自己的生活：做自己想做的事，如修改自己的遗嘱，安排自己的后事；处理自己的世俗事务，如过往的人际冲突、情感上的恩怨等；见自己最想见的人，说最后要交代的话……

在临终之际对自己的人生做一个了结，即道爱、道谢、道歉、道别，方能死而无憾。

道爱，就是道尽未了情：不论是病人还是亲友，都要抓紧时间将心中的爱与感激表达出来，让美好的感情延续。人们在理解和接受生命只剩下最后一段时间后，都能向关心的家人和朋友发自内心地表达爱。

道谢，就是由衷地对亲友表达自己的谢意。生命的最后一刻，最牵挂和最想倾诉的对象就是与自己一生息息相关、同甘共苦的家人。家人和朋友的陪伴与支持自然是要由衷感谢的。

道歉，是生命最后阶段的自我救赎。内容包括因未能对长辈或晚辈尽责、因过失给别人造成伤害、因生病拖累家庭以及不能继续陪伴亲人等内心所负的歉疚。将心中的歉意和愧疚道尽，才能卸下心灵的包袱轻松上路。

道别，是跟亲友做最后的辞行，是个体的灵魂飞跃。经过道爱、道谢与道歉，尘缘已了，已无牵挂，是时候作别了。道别并不是生死两断，而恰恰是以另一种方式延续生命间的联系，其所表达的是一种对死亡的豁达，给予活着的人以心灵安慰，从而达到生死两安的境界。

"我爱你""谢谢你""对不起""再见"，在自己临终之际，能说出这些话，才是真正完美的结局。如果我们让病人最珍贵有限的时间被无意义的治疗所占据，那将是何等的遗憾！因此，面对亲人的临终时刻，摆脱"继续治疗还是放弃"的自设困境，在亲人疾病末期选择放手，让亲人得以从容告别，这或许是我们能获得的最大安慰。

第37讲

超越悲伤：最好的告别是拒绝遗忘

　　丧亲是每一个个体生命必然经历的人生大事，自然会造成深刻的悲伤体验。那么，究竟如何对待与处理悲伤？如果站在亲人生命缺失的角度，悲伤难免是一种负面情绪体验；但如果站在整体生死循环的角度，我们是否可以正面地去理解与重构悲伤？生死两安的实质就是活着的人能够好好地活，将对亲人的思念化作生活的动力。这一讲，我们来聊聊悲伤，学习如何超越负面与情绪化悲伤体验，正面、理智地去理解与重构悲伤，并从对死之悲痛走向对生之赞美。

　　首先，为什么要正面理解悲伤？

　　长期以来，我们总是从负面角度理解丧亲之痛，很少正面理解，也很少去发掘悲伤本身的积极意义。其实，悲伤也是一种能力。

人需要对周围世界及其变化做出反应，这是一种适应能力，而情绪、情感反应则是个体最直接、最本能的适应方式。人经历丧亲必然悲伤，这是一种自然本能的反应。若将悲伤单纯理解为一种负面情绪，便无法反映其本质内涵。实际上，悲伤不仅是人们面对丧亲的情绪体验，更是个体以情感表达对丧亲现实的一种调适策略，是个人应对丧亲的适应。因此，我们有必要从悲伤的负面认知转向正面。

美国心理学家威廉·沃登指出，健康的哀伤过程需要完成四项任务：第一是接受丧失的事实，承认不可挽回的现实；第二是体验悲伤的痛苦，允许情绪自然表达与宣泄；第三是适应丧失后的新环境，调整生活模式；第四是重新投入情感，建立新的关系纽带。如果个体长期沉浸于对丧失的负面认知中，必将悲痛过度以致伤身。正因如此，中国传统文化提倡"节哀顺变""化悲痛为力量"，这实际上暗合了现代哀伤辅导的理念——将哀伤转化为继续生活的动力。

所以，我们应当学会以建设性的方式处理哀伤，"开启一扇窗，让悲不再伤！"这才是面对丧亲之痛的健康态度。

如何做到从负面情绪走向正面情绪？

妥善处理丧亲之痛的关键在于调整生者与逝者的关系，这包含两个方面：一是生者如何从对逝者的情感依附中逐步分离；二是生者与逝者之间应保持联系还是中断联系。

一般说来，悲伤情绪会因生者对逝者的过度依附而加剧，而悲伤的缓解则取决于这种情感依附的弱化、淡化与转移。因此，有必要从对逝者的依附关系中逐步抽离，这种抽离正是对丧亲事实的确认与适应。如果不从中抽离，生者可能深陷于对逝者的依附中，产生"他依然存在"的幻觉，并沉溺其中。因此，有依附必须有抽离，这是将悲伤从负面情绪转化为正面情绪的过程中必须解决的问题。

生者与逝者的关系无法简单割裂。

这种关系并非仅是活人与死人的关系，逝者已转化为"先人"，活着的人应慎终追远，以新的方式延续亲人的精神生命。因此，生者需要完成双重关系调整：既要与逝者（作为物理存在的死者）分离，摆脱依附关系；又要与逝者（作为精神存在的先人）保持联结。处理好这两重关系，悲伤便能实现从负面到正面的转化。

可通过以下两种途径有效调整自己的悲伤情绪。

一是移情。即适当地将对逝去之人的情感转移到其他人和事上。现实生活中有太多的挑战必须面对，居丧期间耽搁的事情得重新捡起来。肩上的责任仍在，生活还得继续，只有自己和家人好好地活下去，才能让九泉之下的亲人安心。

二是转换。即将深入骨髓的悲痛转换成记忆和怀念，比如翻看旧照片、逝者留下的书信和影像资料等，或到曾经共同生活的地方与逝者"对话"等，这些都是与逝者保持联结的重要方式。

怎样使悲伤由情绪化走向理智？

亲人离世是一种巨大的丧失，如果情绪化地对待丧失，便难以真正解决问题，也无法应对未来更多的丧亲局面。我们应该认识到，任何悲伤都只是外在的表现形式，唯有放在内心才是永恒。与其情绪化地面对，不如理智地应对。

在张艺谋导演的电影《我的父亲母亲》中，一个镜头的拍摄充分体现了这种对悲伤的超越。电影中有个情节：父亲去世了，男主角赶回家，面对在寒风中伫立了好几个小时的母亲，他没有呼天抢地，只是平静地扶着老母亲回家。这一幕给人极大的震撼。最初拍摄时，这位演员并不是这么演的，他大哭不止，因为在他看来，千里迢迢赶回家，父亲已逝，母亲孤零零地在村口等待，这是多么凄凉的画面，怎么能不哭呢？然而，这个镜头拍了四次都没过。

最终，张艺谋将演员说服，我们才看到了在漫天大雪中，演员坚毅的表情——他扶着他衰老、伤心的母亲回家去。风烛残年的母亲在失去丈夫，没了主心骨后，儿子成了她的依靠。虽然伤心，但日子还是要继续过下去，这蕴含着生的信念与生之使命。这使悲伤摆脱情绪化而走向理智，给观众以极大的心灵震撼。

　　丧亲，包含两件密切相关的事：一是肉身的死亡，二是人的离世。肉身的死亡是自然事件，人的离世则是社会、情感和精神的事件，这两种都令人悲伤。表面上看，身体的死亡即"尘归尘，土归土"，生者无法改变，在这一方面，死亡属于湮灭。但是，亲人在世时的那份关系、那份情感及精神联系却并没有随他的离去而消失。影片中的母亲还在，父亲去世了，谁来照顾母亲？当然是儿子。儿子如何表现才能告慰父亲的在天之灵？显然，要履行生的使命，要表现出勇气与力量。

　　推而广之，我们唯有超越狭义上的情绪悲伤，才能真正将生活继续下去，这也是逝者所期待的。这既是生之使命所需要的，也是生之信念所彰显的。

　　我们要从对死之悲痛走向对生之赞美。

　　无论怎样，悲伤都旨在表达我们对逝者的敬与哀。敬与哀是互为表里的，敬在内，哀在外；哀是敬的表达方式，但哀并不等于敬。在传统文化里，关于丧亲有两种理念：一是遵循生死的自然本质，以回归自然、返璞归真为敬，哀则率性而发，不事做作，这是道家的丧亲理念；二是遵循生死之人文本质，以仁心不忍、虔诚尽孝为敬，哀则表现为色容悲戚、哀恸感人，这是儒家的丧亲理念。

　　长期以来，主导我们应对丧亲的是儒家理念。每临丧亲则气氛往往压抑，而且越来越流于形式。比如，葬礼大操大办、花钱请人哭丧等，片面地强调了哀的方面，而忽略了敬的本意，甚至以哀代敬。结果，葬礼讲排场，成了做给活人看的形式。显然，我们有必要转变传统观念，让丧亲回归自然，从生命的内在本质上去理解与面对死亡。

让我们来看看老布什夫人葬礼走欢乐路线的启示。

2018年4月17日，美国前第一夫人芭芭拉·布什在得克萨斯州的家中安然离世，享年92岁。在芭芭拉·布什的葬礼上，儿子杰布·布什回忆母亲生前的点滴往事，他的悼词中没有任何悲伤之语，而是充满了亲情、欢乐、幽默和敬意。他讲述母亲生前的趣事和言谈，引起听众阵阵笑声！

台下的老布什和小布什望着讲坛上的杰布·布什，笑得肩抖不止，女儿则笑着抚摸着坐在轮椅上的老布什的肩。整个场景温馨感人，完全没有悲痛欲绝的景象。可见欢乐的氛围同样能表达对逝者的敬重，并非只有哀伤才能体现深切缅怀。

其实，古人面对丧亲，早已有豁达以对之风。从鼓盆而歌的庄子到肆意酣畅的竹林七贤，他们都对生死持旷达自然的态度。鼓盆而歌表达了对生死的乐观态度，也表达了丧妻的悲哀。在庄子看来，生必然要转化为死，死也要转化为生，生自然有生的意义，死也自然有死的价值。我们应该坦然地面对生死，调整心态，心平气和地接受，不要一味哀思。

如此看来，面对亲人离世，我们不妨从死之悲痛中解放出来，转向对生之赞美。逝者身已不存，但精神却可以永存。逝者在世时的精彩人生和美好德行是值得我们去回忆追思、去赞美，并引以为我们活着的榜样的。因此，将死作为逝者生命的一个方面，有必要将我们的情感体验从对死之悲痛转向对生之赞美。或许，这正是活着的人所真正需要的。

生活经验告诉我们，朋友临别说"再见"，无不含有对下次相见的期待。因此，告别不仅在于分离，更在于对重逢的期许。这正是生活辩证法。人死当然无法复生，但在信仰层面上，逝者却能够获得另一种形式的"再生"——我们坚信他们并非彻底消失，而是以另一种生命形式继续存在。因此，最好的告别不是因生死分离而痛不欲生，而是通过生死观念的转换，以新的方式维系我们与逝者的联系。

殡葬祭祀就是实现生与死的分离与转化的仪式，其终极目的是达成生死两安。

在我们的文化里，"唯送死可以当大事"，用俗话来说，办理丧事是上自天子、下至黎民百姓都重视的头等大事，由此形成了独具特色的殡葬文化传统。殡葬自古以来就是一种文化现象，它通过庄重的仪式体现生命的传承。殡葬仪式或肃穆或宁静，在每一个细节之中，让死亡也庄严地"站立"起来，获得与生命同等的尊严。殡葬的核心主题是处理生者与死者的关系，其本质是探讨生与死的哲学关系：操办亲人的后事，实质上是在终结其现世羁绊的同时，构建一种新的精神联结，让逝者永驻我们心间。因此，殡葬是人们向逝去的生命做最后告别的仪式，但这不是终点，而是逝者另一段生命旅程的起点。

在中国传统的丧葬礼俗中，人们秉持"不死其亲"的基本信念，也就是不把死去的亲人当成亡故之人，而是把他们视作精神永续的存在。在这种观念的深刻影响下，"事死如事生"的丧葬礼仪在中国民间的丧葬活动中得到了充分体现。

要让逝者体面而有尊严地走完人生最后一程。在殡葬仪式中，人们以对待生者的态度礼敬逝者。一次完整的葬礼恰如一出生死对话的人生仪式，庄重而富有深意，既彰显人伦温情，又体现生死之间的辩证关系——形骸虽逝，精神长存。研究表明，在丧葬礼仪中，逝者并非仅仅是被处置的客体，而是作为仪式重要的参与主体发挥着特殊作用；生者不仅是仪式的操办者，同时也是逝者精神作用的接受对象。在这种互动中，生与死通过特定的仪式展开深层对话，形成一条贯穿始终的隐性脉络。这种独特的生死互动关系，正体现了儒家"慎终追远"的文化精髓。

电影《寻梦环游记》中有句名言："人们惧怕的不是死亡，而是遗忘。"在14世纪的欧洲，立遗嘱者往往希望自己安葬在最神圣且人流量大的地方，除了教堂和墓地等公共场所，还包括山径路旁等交通要道。有一个山村路旁的墓碣是这样写的：

"一个过路人，不知为什么，走到这里就死了。请所有经过此地的人为他祈祷。"为对抗死亡带来的虚无与永逝，人类发展出祭祀传统，无论东西方，祭祀都是文化的重要组成部分。

"祭祀"本意为敬神、求神和祭拜祖先。具体而言，"祭"侧重向天地祖先汇报，"祀"侧重求天地祖先赐予新的指引与启迪。作为生者向逝者的禀告，必须秉持"祭如在"的态度，这既是祭祀者的基本准则，更彰显祭祀的核心精神——诚敬。

祭祀的内容包括：一是与祖先对话，接受祖先垂训；二是反思自己的言行；三是重新梳理各种关系，以优化生存品质。祭祀的实质是在生者与逝者之间建构精神联系。通过祭祀，生者与逝者不再分属两个平行世界，而是形成交感互通的整体。

如宋代大儒朱熹所论，虽然人死气散，已散之气不可复聚，但祭祀依然能够实现与祭祀对象之间的"感通"。正是因为这一信仰，无论居庙堂之高，还是处江湖之远；无论天南海北，关山万里，我们都须放下手头的一切，返乡祭祀。千百年来，祭祀的香火绵延不绝，个体的心灵得以安顿，民族的血脉得以延续。

那些颠沛流离、背井离乡的人，都要克服万千艰难去履行对祖先的祭祀之责。在他们看来，现实中的生存福祉与祖先的庇佑密不可分，两者是一体的。

祭祀实现生命的共同体绵延，通过"念祖怀亲"与"慎终追远"，我们达到了如下目的：一方面是让逝者精神永存，这既满足了逝者生前的永生期许，也回应了生命归根的内在诉求，让我们铭记"从哪里来"；另一方面是帮助生者前行，通过祭祀，我们明确使命与担当，从而获得前行的精神动力，明确"到哪里去"。

千百年来，为恪守祭祀的神圣传统，我们的先人们发展出一年三祭的礼俗，民间称"三大鬼节"，即清明节、中元节、寒衣节。这些祭祀祖先的节日不仅成为我们生活的重要内容，更与四季变迁、生产生活紧密相连，真切体现了生者与逝者之间无碍而深远的感通。

清明节，又称"踏青节""行清节""三月节""祭祖节"，时值仲春与暮春之交。清明节源自上古时代的春祭活动，兼具自然与人文双重内涵，既是自然节气，也是传统节日。扫墓祭祖与踏青郊游是清明节的两大礼俗主题。作为传统的重大春祭节日，清明扫墓祭祀、缅怀祖先的习俗绵延了数千年，既弘扬孝道亲情、唤醒家族记忆，更凝聚家族成员及民族认同。

中元节，即七月半祭祖节，又称"施孤""鬼节""斋孤""地官节"，主要习俗包括祭祖、放河灯、祀亡魂、焚纸锭等。中元节由上古时期"七月半"丰收秋祭演变而来。七月半是民间初秋庆贺丰收、酬谢大地的节日，适逢新谷成熟，依例需以新米等祭品祀祖，向祖先禀报秋收成果。这是追怀先人的一种传统节日，其文化核心在于敬祖尽孝。

寒衣节，时在农历十月初一，又称"十月朝""祭祖节""冥阴节"，民间俗称"鬼头日"，是我国传统的祭祀节日，相传起源于周代。寒衣节主要流行于北方，不少北方人会在这一天祭扫，为逝亲"送寒衣"。同时，这一天也标志着严冬将要到来，所以，也是为逝去的父母、爱人等亲人添置御寒衣物的日子。虽逝者已矣，但人间温情长存。

对于逝去的亲人，我们不应只在特定时节追忆，而应时时怀着与他们同在的心情，在生活的每个场景中，不再带有悲情，而是感念他们给予我们的情感陪伴与慰藉、生命启示与精神护佑，乃至创伤疗愈的力量。

我们发展出诸多方式使逝者化身万千与我们同在。

可以在特定日期举行纪念活动，通过追忆、翻看老照片、撰写纪念文章等方式缅怀逝者，发掘逝者那些有趣的、可爱的生活片段，重温与逝者共度的美好时光，这实为一种独特的情感体验。

也可以在与下一代人的互动中延续逝者的生命。向孩童讲已逝亲人的故事，传递其勤劳、善良、勇敢、智慧等品格，使这些美好在幼小的心灵扎根。

与逝者的相见，心有所念即可行。一位摄影师回到曾经居住了17年的老屋，拍下外公外婆的遗物，探寻他们的故事。

他从近8000张照片中精选出79张，并从外公外婆的名字中各取一个字，将作品命名为《芬芳一生》。他说："这像是一次告别，但更像是一次重逢。"

还可以让逝者成为我们当下工作的合作伙伴。一位大学生在母亲去世后，将母亲写进自己的毕业作品，以这种方式让母亲与自己同在。

当然，高科技提供了无限可能。我们可以借助互联网开展线上纪念，设置虚拟祭祀空间，包括数字祭品、开设留言区等。而AI数字技术甚至能在虚拟世界"复活"亲人，这是科学带来的福祉，让我们能够以更多方式保持与逝者的情感联结。

第38讲

面对自杀：重建自我与生活的连接

　　说到个体与死亡，自杀是一个无法回避的话题。它既是一个严肃的哲学问题，又是一个社会热点话题，往往伴随着令人痛心的社会新闻。自杀现象因与生物繁衍本能相悖而显得难以理解。一些躯体健康的人因为自杀而过早地离开人世，不免给人类生命的终结笼罩上一层更加浓厚的悲剧色彩。可见，自杀是一个值得我们深入探讨的严肃问题。但长期以来，我们只是从社会的角度来思考与界定自杀，将其简单界定为一种生命的自我毁灭行为。

　　在这一讲，我们试着从个体的角度来思考：自杀的根源在哪里？自杀的本质是什么？明确了这些根本问题，我们才能够有效地预防自杀现象，构筑真正的生命安全防线。

　　人为什么会自杀？

个体走向自杀的影响因素有很多，我们一般称之为"自杀风险因素"。不过，我们在这里要探讨的是自杀的根源问题，即真正促成自杀行为的深层原因。比如，人皆会生病，为何在某些人身上却成了自杀的诱因呢？这背后便是自杀的根源问题。

自杀是一种复杂的社会现象，成为心理学、社会学、医学、法学甚至哲学、伦理学等学科研究和关注的对象。自杀并不是一种简单的自我毁灭行为，也不能简单地归类为某种疾病。

2017年11月5日，美国得克萨斯州发生了历史上最严重的枪击案，造成26人遇难，枪手随后自杀。枪手凯利曾经在脸书分享马克·吐温的一段话："我不恐惧死亡，我在出生亿万年之前就死过了，一点都不在乎死亡。"但他在另一账号上则列出了自己关注的事物，包括动物保护、艺术文化、儿童和民权等。无独有偶，某大一女生在自杀前曾表示自己"活着没意思"，最终从图书馆八楼跳下，但她的左手心却写着"捐献眼角膜"。这些案例表明，即便选择结束自己的生命，当事人仍可能保持着对生命价值的某种认同——他们知道生命需要被珍视和成全，却依然选择了自我毁灭。这种矛盾的现象值得我们思考。

事实上，许多有自杀念头的人，他们内心深处并不都那么想要死。他们虽然心想"死了算了"，但另一方面，他们更想

"活下去"或"希望有人来帮助我"。显然，他们是觉得"如此活着"没意思，并非生命没意义，也就是说，自杀者想要抛弃和改变的并不是生命本身，而是他所不愿继续的某种当下的"活法"。遗憾的是，生命却成了牺牲品。

本质上，这就是"生活与生命之间的紧张"。

郑晓江教授曾明确指出，"生活与生命之间的紧张"与自杀之间存在必然联系。他指出："从自杀问题的角度来看，人生中存在的一个基本问题就是：生活与生命之间的紧张。本来，生命是生活的基础，生活是生命的体现，两者应该完全合一，但是，在现实中，生命表现为内在的，而生活是外在的；生命求的是稳定，生活求的是变化；生命是有机体的成长，而生活则是各种人生滋味的总和。于是，人之生命与生活实际上形成了一种内在的紧张，两者经常发生矛盾、摩擦，不一致。这样，人生中我们便常常发生一个严重的两难选择的问题：是生命延续重要，还是生活状态的性质更重要？"

恰如在生活中，"我"正在孜孜以求并乐在其中的，可能并非"我"真正所需要的；"我"尽全力所争取的，却并非"我"内心所喜爱的；"我"不停地追逐，内心却可能早已厌倦……"我"这样做，似乎完全是为了迎合外部环境，而非出自本意。久而久之，外在的"我"跟内在的"我"之间的冲突会愈来愈激烈。如果不能在两者间取得协调，"我"就有可能身陷自杀危机。

人们常说："理想是丰满的，现实是骨感的。"大多数人或许在当下的苟且中逐渐磨平了自己内心的棱角，并遵从现实、融入生活，生命获得了另一种真实与灵动。但少数人却恰恰相反，他们将自己深深地裹在理想的壳中，越是生活下去，现实越令他们痛苦与脆弱，他们会不由得感叹："活下去太难了！"来自生活的哪怕细微的打击都会导致"生活与生命之间的紧张"加剧。日本作家太宰治曾经说过："棉花也能让我受伤。"他在每一部作品，比如《人间失格》与《斜阳》中，都在努力劝说自己不要这样，同时似乎又有另一个声音告诉他，他非得如此。这两种声音的对立最终将他推向绝路——他在一处水渠投水自尽。

他走投无路了！

那些自杀者在经历"生活与生命之间的紧张"时，为何会走投无路？也就是说，一个人经历了怎样的负面心理建构，才会最终陷入绝望而选择自杀？

自杀研究专家施耐德曼指出，人在自杀那一刻充满了无力、无望与无助三种感觉。当个体处于绝望中时，他便会失去与自我的联系、与世界的联系，以及与未来的联系。如果一个人从以下三个维度丧失了这些基本联系，那他就可能深陷极度绝望之中。这就是自杀的三联征。

　　首先是自我维度上的无用。即失去与自我的联系，对自己感到绝望，连自我都无法支撑活下去的合理性。身体疾病、精神疾病等都会造成此方面的丧失。对自杀者而言，"我是谁"是一个被彻底颠覆的问题，因为在生活与生命的紧张与冲突之中，自我总是被两面撕扯。如同弗洛伊德笔下的自我，一面受到超我的批判，一面又受到本我的驱使。这种情况下，生活中的任何进展都无法建立与自我的直接价值关联：生活越深入，越陷入自责；生活中越快乐，内心越痛苦；生活中越有所得，内心越有所失……总是形成某种自我矛盾。因此，世间的任何事物都无法与内心产生正向联结。他越来越认不清自我，越来越感到无能与无助，痛苦不断加剧，而自我的迷失似乎成了摆脱痛苦的唯一途径。这种无用感表现为个体对局面无法控制，既不能表达自我，也不能确认自我存在。失去了自我，便丧失了当下的存在感，也就失去了活下去的理由。

　　其次是环境维度上的无助，即失去与世界的联系，找不到环境中支持自己的理由，即体验为被环境抛弃，从而孤立无助。自杀者对于"我在哪里"的处境往往是迷惑的，从根本上说，这就是他与周围世界的联系出现了混乱。这种混乱往往与社会隔离、歧视形成恶性循环：一方面，自杀者因自身的种种原因与环境格格不入，导致孤立；另一方面，社会隔离与歧视又加剧了这种孤立。

抑郁者常静坐一隅，独自伤心，回避亲友和同事。情绪抑郁的程度，从轻度的心情不佳、心灰意懒，到重度的整个精神活动都充满着悲观和绝望。个体感到"高兴不起来""没有意思""缺乏兴趣和愉快感""对亲人失去情感依恋"，其实质就是在环境中自我隔离，自感在世上无立足之地，觉得自己是多余的。

最后是未来维度上的无望，即失去与未来的联系，对自己的前途丧失信心，找不到继续生活的动力。自传式记忆的消极偏向等问题均可造成此方面丧失。"我要到哪里去"这个问题同样会成为自杀者无法回答的困惑。这个问题本质上是个体对未来发展必然趋势的理性思考，正如一句广告语所说："思想有多远，我们就能走多远。"它不仅是个体生活下去的方向指引，更是支撑个体生活的内在动力。试想，如果个体对自己的未来不仅茫然无知，而且充满悲观绝望，那么生活将难以为继，死亡可能成为唯一的选择。

这样，个体处在自我、环境和未来的三维绝望处境，如同置身于黑暗的空间，找不到任何出路，他还能有几分活着的理由？

显然，自杀并非简单的自我毁灭，那么，自杀的本质是什么？

俗话说："人在江湖，身不由己。"当生命与生活冲突时，人无法控制的是生活。若任由生活如此继续，对他来说无异于毁灭生命，令其深感耻辱与丧失尊严。当无法忍受生活、眼见生命被摧折之际，当活着的自我主体性被剥夺殆尽时，那唯一能坚守的阵地就是自我的尊严。

因此，从本质上讲，自杀无疑是捍卫自我的最后尝试。

著名文学家沈从文先生曾用"投岩麝退香"的典故来表达对自杀的理解。传说麝香是一种可以保存很长时间的香料。人类为获取麝香，会将麝活捉来，用一种残忍的手段迫使其在极度痛苦中分泌麝香，从其香囊中刮取香料，然后将麝关起来喂养，周期性地掠夺其麝香。麝是一种很有灵性的动物，每当遭遇人类追捕时便舍身投岩，使人类无法获取其体内的麝香，自己则摆脱了折磨。从本质上说，这可以理解为一种以退为进的自我保护，是一种特殊的生存策略。正如瑞典学者沃瑟曼所说，自杀阶段可以看成自杀者试图解决各种内在与外界的冲突，努力寻找适应目前不堪承受的生活状况的新方法。对人来说，这种做法显然是最不可靠的。

认识到这一点，我们不妨从自杀者的角度出发来寻求预防和干预措施，构建以自杀者为主体的生命安全防线。

第39讲

自杀预防：接纳自己的生命困境

自杀其实是个体试图摆脱自身困境的一种极端尝试，然而这种尝试往往会导致生命的自我毁灭，成为生命的悲剧。我们不能对此置之不理。但仅仅从社会的角度看待自杀问题，显然忽略了自杀的个体本质。因此，有必要从生命个体的自我角度出发，探讨如何预防自杀。这一讲，我们将聚焦于自杀的自我预防。

在讨论自杀预防之前，有两个基本前提必须明确：一是自杀的结果是一个由轻微到严重的漫长发展过程，并非一蹴而就；二是自杀的心理发展过程是可逆的、可改变的，这意味着我们可以通过干预来扭转这一过程。长期以来，我们在谈论自杀预防时，往往关注的是最后的严重阶段，就像身体疾病已病入膏肓时才进行治疗。实际上，自杀预防理应前移，并从外在的自杀干预转向个体的自我预防。

自杀可以自我预防吗？

答案是肯定的。为了说明这一点，我们可以从海明威的孙女玛丽尔·海明威的故事中获得启示。

1961年出生的玛丽尔经历了爷爷海明威吞枪自杀、父母酗酒、姐姐吸毒自杀以及丈夫患脑癌等一系列家庭悲剧。然而，她通过瑜伽和冥想等自我调节方式，坚强地活了下来。2000年12月，她的父亲杰克·海明威去世；两天后，她的丈夫史蒂芬被诊断出患有癌症。玛丽尔请美国最好的医生为丈夫做了脑瘤切除手术，并精心照料他。令人欣慰的是，史蒂芬最终奇迹般地痊愈了。玛丽尔育有两个女儿——德里·路易斯和兰利·克里斯曼。她以积极向上的态度，用自己的行动破除了所谓的"海明威家族的自杀诅咒"。2003年，玛丽尔因此登上了《人物》杂志封面。玛丽尔坦言，经过几十年的抗争，直到近几年，她才真正相信自己可以打破这个"魔咒"，因为"我第一次感受到，我不再焦虑彷徨"。

试想，自杀作为一种家族遗传倾向，个体要逃脱这种基因上的"魔咒"是多么艰难。然而玛丽尔对家族病史有非常清醒的认知，在如此艰难的环境中，怀着坚定的生命信念，顽强地抗争，构筑起生命的防线。她的故事可以说明，自杀预防本质上是个体的自我拯救。

为什么说自杀可以自我预防？其科学依据在于自杀行为通常具有渐进性特征。正如"冰冻三尺，非一日之寒"，自杀风险的形成往往经历四个可识别的发展阶段。

第一阶段：负面体验累积期。个体从生活中的某些事件中获得负面情绪体验，例如失败、挫折等，这是普遍存在的正常心理反应。

第二阶段：生命意义感动摇。当负性体验和情绪累积到一定程度，个体可能会产生诸如"活着真没意思"，"我做这些事没有意义"等负面认知。这种"心理困顿状态"，是大多数人都会经历的一种人生状态。

第三阶段：自杀意念形成期。在少数人身上，如果生命困顿持续发展，"生活与生命之间的紧张"会进一步加剧，进而产生自杀意念与动机。例如，个体产生"与其这样无意义地活着，还不如死了算了""活着实在太痛苦了"等想法。

第四阶段：自杀行为实施期。随着自杀动机的强化，个体的心理状态"生活与生命之间的紧张"转化为"生还是死的两难"。当个体自救无力且缺乏社会支持时，便会陷入"自杀三联征"（即无助感、无望感、自我价值感丧失），最终走向极度绝望，实施自杀行为。

在整个心理发展的过程中，起关键作用的是"生活与生命之间的紧张"向"生还是死的两难"的转化。从生死学的视角来看，生命困顿是自杀的深层心理动因。虽然大多数人都会经历生命困顿，但只有少数人会最终选择自杀。因此，认清自身的生命困顿状态，并及时有效地走出这种困顿，才是自杀自我预防的关键。

自杀的自我预防的实质是什么？

在严格意义上，自杀的自我预防与自杀干预是两个不同的概念。自杀干预是指当个体的心理发展进入自杀动机阶段后，通过削弱自杀动机来阻止自杀行为的发生。这是一种在自杀风险出现之后的被动防范，属于消极的应对方式。而自杀的自我预防则是在个体产生自杀动机之前，通过生命的自我建构，避免自杀意念和动机的产生。这是一种在自杀风险出现之前的主动防范，是对自杀风险的防微杜渐，属于积极的预防方式。

当前，大学生群体中存在的某种心理状态引发思考。部分学生认为"活得没有意义"，表现出一种困顿迷茫的态度。可以说，不少大学生经常感受到"困惑""郁闷""空虚""无所适从"等负面情绪，感觉"学业前景迷茫""不知人生意义何在"，处于生命意义感缺失及生命困顿状态。

生命困顿指个体在进入特定人生阶段后，由于环境因素影响和生活方式的改变，其在生命认知、体验、意志及行为等方面出现自我意识混乱与阻滞的状态。这种状态表现为不同程度的"迷惘"与"纠结"，其核心问题在于生命价值的缺失与生活意义的迷茫。生命困顿的实质可以概括为"三无"，即："无兴趣"，对生活缺乏动机，对周围的事物提不起兴趣；"无所谓"，对人生态度变得随意，对生活中的得失漠不关心；"无意义"，感到人生缺乏意义，无法找到生活的价值与方向。

俗话说"人生不如意十有八九"，经历负性生活事件是人生常态。因此，生命困顿是一种较为普遍的精神状态。生命困顿是人生的一部分，每个人都可能经历。负性生活事件引发的情绪波动是正常的，没有人能够一生一帆风顺，无忧无虑，正如花无百日红，人生的起起落落是常态。生活现实不以人的意志为转移，个体的能力是有限的，遭遇挫折和困境在所难免。然而，值得我们注意的是，生命困顿不仅是长期负面生活体验累积的结果，也可能是导向自杀的开端。负性生活事件通常会引发个体"孤独、失意与焦虑"的情绪体验，随后形成"无用、无助与无望"的情绪性认知，从而陷入生命困顿。而生命困顿又会进一步加深并转化这种情绪性认知，从根本上动摇生命存在的意义，最终可能导致自杀。自杀自我预防的关键在于走出生命困顿。

如何走出生命困顿？

当个体陷入生命困顿时，不要以消极的态度去理解与对待。相反，要学会接纳自己的生命困顿与人生困境，坦然面对它，就像以"安乐病"的态度看待疾病一样。我们说，人生最好的姿态是"向阳而生"，但这并不意味着我们的生活没有阴面。生命困顿正是我们不愿面对却又无法逃避的另一面，是生命的阴面。古人讲"负阴而抱阳"，我们可以理解为只有能承担起生命的阴面，同时内心始终朝向阳光，才是真正的"向阳而生"。只有当你适应了暂时的困惑、无聊与空虚，才能体验到"痛并快乐着"的人生真谛。正如一个人唯有在病后康复的过程中，才能真正领会健康的珍贵与快乐。

生命困顿本质上是一种自我封闭的状态。在这种状态下，负面情绪和体验不断累积，形成"负性累积效应"，即好的事情使状况改善远不及坏的事情对状况的恶化。长期困在这种状态中，个体会感到苦闷难解，唯一的出路就是走出自我封闭，开放自我，与环境形成良性互动。

叙事和交往是走出自我封闭的重要途径。叙事即通过与他人分享自己的故事，进行对话交流。在这个过程中，我们能够找到摆脱困境的出口：有高兴的事说出来，多一人分享，我们的快乐会加倍；有不开心的事说出来，多一人分担，我们的忧虑就会减少；有纠结的事说出来，多一人指点，我们的困惑便能减轻。交往是通过语言、行为等实现信息、情感和活力的交换，建立并维持人际关系。通过与人交往可以获得情感支持、优化认知，缓解压力。

著名作家玛雅·安吉罗说过："世上最痛苦的事，莫过于内心憋着一个无法倾诉的故事。憋着的故事让人痛苦，也让人生病。生病的人更有倾吐故事的愿望。讲故事是人类应对疾病的自然反应，故事可以成为对抗疾病和痛苦的抗体。只要能将痛苦作为故事的一部分讲述出来，一切痛苦就都变得可以承受。"

最后，主动寻求帮助是不可或缺的。人难免会生病，无论是身体上、心理上，还是精神上的，这几乎是每个人都无法回避的现实。因此，面对心理或精神上的困扰，我们应该如同对待身体疾病一样，及时寻求治疗与帮助，勇敢走出困境，而非讳疾忌医。唯有如此，才能真正摆脱生命中的困顿，筑起一道坚固的自我防线，从而有效预防悲剧的发生。

第40讲

自杀干预：回应自杀者的痛苦呼唤

如果个体无法走出生命的困顿，便会从"生活与生命的紧张"陷入"生还是死的两难"困境。此时，对自杀的阻止已不再是预防，而是干预。然而，谈及自杀干预时，人们往往从心理学、流行病学和公共卫生学的角度去理解，认为这是专业人员所从事的极具技术性的工作。这种观点显然将自杀干预狭隘化了。在本讲中，我们将从生死学的视角重新审视自杀干预。

我们要明确两点：第一，自杀行为本质上是自杀者痛苦的呼唤，自杀干预就是对这种呼唤的回应；第二，自杀干预并非仅限于专业技术行为，而是每个人都可以参与的行动。

那么，个体是如何陷入自杀困境的呢？

自杀困境往往由生命困顿发展而来。问题的关键在于，"生活与生命之间的紧张"是如何转化为"生还是死的两难"困境的？找到这个问题的答案，就掌握了自杀干预的关键。

首先，自杀者正经历着深刻的痛苦体验，这是前提。《西方社会病》一书中指出，自杀的直接根源在于生存的痛苦，人们实在是痛苦得不愿再活下去了，他们只想了此残生，终止自己的生命。2005年，北京某高校一名女生跳楼自杀，她在遗书中写道："我列出一张清单，左边写着活下去的理由，右边写着离开世界的理由。我发现自己在右边写了很多，左边却基本上没有什么可写的……回想20多年的生活，真正快乐的时候屈指可数；记不清楚上一次从内心深处感到有归属感是什么时候。"由此可见，自杀者的痛苦如此深重，以至于远远超过了他们对生存的渴望，似乎除了自杀别无出路。

其次，自杀者对痛苦采取了负面建构，这是关键。从生死学的角度来看，痛苦具有双重属性，其本质是人的主观建构。对绝大多数人而言，虽然人生难免不如意，"生活与生命之间的紧张"始终存在，痛苦也因此不可避免，但人们往往能够"痛并快乐着"，在困境中找到平衡与希望。然而，对少数人来说，痛苦可能变得无法承受，以至于"痛不欲生"，最终走向对生命的否定。

在自杀困境中，个体的情绪和想法看似是相互关联的，但其思维模式呈现出非逻辑性。他们的选择往往局限于非此即彼的极端模式：要么忍受痛苦，要么选择死亡。当深陷异常痛苦的体验中时，他们无法想象自己能够走出困境，获得幸福，更无法预见未来可能的美好与成功。在他们的认知中，只有两种可能：继续承受痛苦，或者以死亡终结痛苦。这种对痛苦的负面建构完全屏蔽了生命的其他可能性，使个体彻底陷入自杀困境。

自杀困境的核心在于"生与死"的纠结。美国心理学家卡尔·门林格尔在《人对抗自己：自杀心理研究》一书中指出，自杀困境中的个体往往先有"想死的愿望、想被杀的愿望及想杀人的愿望"这一精神动力三联征。这表明，放弃生命是自杀者强烈的内在动机，但种种迹象和相关研究又表明：直到最后一刻，许多自杀者仍处于矛盾状态。

自杀学研究者施耐德曼指出，那些真正将自杀付诸实践的人，在实施的那一刻，对生与死是很矛盾的。他们想死去，同时又期望被救。他通过研究进一步揭示，没有人100%地想自杀。许多自杀未遂者，尤其是跳楼与跳桥自杀侥幸生还的人，都表示他们在下坠的瞬间便产生了后悔的念头。

这种内心的生死纠结体现了自杀的实质，即自杀行为的结局无论自杀者是否存活，都可被视为"痛苦的呼唤"，并非一味求死。

自杀干预的实质是什么？自杀干预旨在阻止自杀，但切莫理解为只是制止自杀行为。真正有效的自杀干预，显然不是夺走自杀者手中的毒药瓶子、刀具，或阻止其跳楼。事实上，半数以上的自杀身亡者都有自杀前史。真正有效的自杀干预是要走进自杀者的内心世界，回应其痛苦的呼唤。

自杀者在自杀前依旧存在维持生活世界的努力。请大家关注一个普遍现象：自杀者在自杀前往往会细心地整理自己的卧室，将生活用品和学习用品摆放整齐，穿戴整洁，甚至留下遗言表达不舍与歉意等。这些行为可能源于个体希望保持应有的体面，但也可能反映出他们内心对生活的深深依恋。施耐德曼认为，自杀的过程可以视为自杀者试图解决内在与外界的冲突的努力，是他们寻求适应不堪承受的生活状况的新方法，或是一种"渴求帮助"的呼唤。他也明确指出，人在自杀那一刻充满了无力感、无望感与无助感，而消除其中任何一种感受都可能挽救一个人的生命。

遗憾的是，自杀困境中的当事人无限放大自己所遭遇的痛苦，却只能独自承受这种不幸。施耐德曼形象地用英文单词"only"比喻自杀困境中的个体，指出自杀仅仅是自杀者自己的事情。自杀困境中的个体极其脆弱，压死骆驼的可能就是最后一根稻草。

人们常说"生死一线"，这对自杀者而言再准确不过。我们会发现，有时候微小的获益、环境的稍稍改变，或者一点可见的差别，都能给自杀者以希望，从而使其放弃轻生。

例如，在奥地利维也纳，一个中年男子乘坐地铁至某站准备卧轨自杀。途中，一位外地乘客向他打听要去的地方该在哪一站下车，他详细地告诉了对方，得到了真诚的感谢。这一刻，他突然感到自己活着是有价值的，于是打消了自杀的念头。

20世纪初，英国伦敦地铁站曾是自杀的高发区域。后来，人们将站内阻止通行的告示牌上的用语从"此路不通"换成了"请从另一侧通行"，没想到，这一细微改变显著降低了当时伦敦地铁的自杀率。

上述两例表明，自杀者的内心渴求何等强烈，同时也说明来自环境的细微帮助能产生多么显著的效果。根本原因就在于，这种细微的事件恰恰给处于黑暗中的个体带去一线光明，令自杀者顿时豁然开朗。

因此，回应自杀者的痛苦呼唤，为他们带来希望，这就是自杀干预的实质。

那么，如何进行自杀干预？

首先，自杀者的心理行为动向有迹可循。在采取实质性自杀行为之前，自杀者的求助往往会有许多方式，而且总是因人而异。

有的会通过拨打热线电话、前往心理干预中心或医院寻求帮助等直接方式求助；也有直接的自杀性表达，这类信号比较容易被识别，但听到的人经常因低估严重性而误以为只是情绪宣泄。心理治疗专家林昆辉指出，自杀者的求助信号最明显的是"临终安排"，即"三托"：一是托人，即突然向亲友嘱咐、要求或委托照顾某人；二是托事，即突然要求他人代为完成自己的重要事务；三是托物，即突然整理重要物品，委托别人代为照顾或保管。当出现这三种情况时，表明危机已经非常严重，自杀者很可能已制订具体计划，必须立即干预。

当然，更多的是间接表达。比如，找人聊天时，内容往往漫长而毫无逻辑，因此容易被对方忽略，甚至让对方感到莫名其妙。此外，日常生活中的细微变化也是一种间接表达。这类表达较难被外人察觉，但家庭成员通常会注意到这些变化，并本能地理解其背后的自杀倾向。自杀者在实施自杀行为前的彷徨与犹豫，本质上也是一种求助信号。

关键因素在于能否积极介入自杀者的内心世界。

对处于绝望中的个体及其内心体验，无论我们如何描述，都难以还原其真实感受。但有一点可以确定：他们内心仍有微弱的期盼。尽管"求死的念头早已存在"，但只要尚未采取实质性行动，外界就有机会介入，为他们创造转机。

正如我们在现实生活中所看到的，那些跳楼者在纵身一跃之前，往往会有迟疑与彷徨，这就为外部干预提供了机会。

《南方都市报》曾有一篇题为《有人骂总好过没人理》的新闻短评。文中提到，一名男子欲在广州洛溪大桥跳桥轻生，导致本就不畅通的交通更加拥堵，现场一度混乱。幸好有一个老人冲出围观的人群，走到男子身边，先是劈头盖脸一顿痛骂，竟让轻生者的情绪有所缓和；随后老人一把抱住轻生者，成功化解了危机。爱的反面不是恨，而是漠然。自生自灭的感觉会让人认为生或死都毫无意义。有人骂不可怕，无人理睬才更让人绝望。

自杀者面对茫茫人海，却无一知音，本就有轻生之念，此刻可谓万念俱灰。然而，求死往往就在一念之间。如果有人站在他身边，哪怕是一番痛斥，也意味着将自杀者视为自己人，这种熟络感胜过任何劝诫，或能让人放弃轻生。

从另一面看，自杀者可能正是死于他人的冷漠与伤害。"痛苦的呼唤"可能在一开始具有发泄情绪的成分，但当感到逃脱无望时，便可能陷入绝望。媒体有报道跳楼者因围观者起哄而最终跳楼身亡的事例，正是明证。

有自杀倾向的人在生与死的选择上，几乎总是直到最后还很矛盾。这是一种混合的情绪——左右彷徨、出尔反尔、疑虑不安，以至于无法做出选择。这种混乱的情绪状态使自杀者陷入黑暗之中，无法找到出路。此时，如果有一丝亮光，黑暗便不复存在，自杀者会恍然醒悟，从而放弃自杀念头。

只要我们与自杀者建立共情，我们的一言一行都可能为他们带去一缕阳光，令其迷途知返。从这个角度看，自杀干预其实是人人皆可为之事，而不单是专业人士的职责。

结束语：

知生悟死，生死两安

本书讲的内容与我在大学课堂上所讲授的内容有所不同，而写作这本书的过程，也让我对生死这一话题的思考更加深入，对生老病死的感悟更加深刻。因此，写作这本书的过程，实际上是我自己的学习与成长之旅。

生老病死是每个人都绕不开的人生课题。或许有人不愿谈及，但一旦谈论，便无法置身事外，不能像谈论一件与自己无关的事情那样信口开河、随意敷衍。退休之后，我做的第一件事就是在喜马拉雅平台上开设了一门关于生死的课程。与其说我在与听众探讨生老病死，不如说我在与自己对话。例如，我在谈衰老时，提到了退休综合征，而这正是我退休后的亲身经历。通过讲述这一部分内容，我自己也获得了一种淡然与坦然的心态。

生命本质上是一场生与死的矛盾运动。世界上从未存在过的事物才谈不上生与死。正是因为死亡的存在，生命才显得有意义。然而，从本质上看，死亡只是一个概念，没有人能够体验死亡，也没有已逝者能告诉我们死亡的真相。我们只能通过衰老、疾病和灾难来感知死亡。如果脱离了衰老、疾病和灾难，死亡便无从谈起。中国古代哲人所讲的"出生入死"，正是通过疾病、衰老和灾难这些死亡的实现方式来体现的。因此，归根结底，人并非害怕死亡本身，而是害怕疾病、衰老和灾难。

任何个体都无法避免生病，而疾病则是死亡得以实现的普遍方式，我们称为正常死亡；任何个体也必然走向衰老，衰老是生命周期中不可避免的阶段，没有人能够永葆青春。至于灾难，我虽然没有详细讨论，但它确实是人们非常恐惧的事情。正如俗话所说："天有不测风云，人有旦夕祸福。"灾难带来的最大的恐惧是生命的突然终结与毫无准备的告别。

生与死是生命的两重性本质，而疾病与衰老不过是死亡的自然实现方式。既然生病与衰老是生命的自然现象，我们为何要为此焦虑与恐惧？既然这一切都不可避免，我们不妨敞开心扉，坦然接受，好好享受生命中的每一个瞬间。正如一些人常说的，苦恼是一天，开心也是一天，那我们何不选择开开心心过好每一天？

有一种说法叫"无知者无畏"，表面上看似乎有些道理，但仔细想想，所谓的"无畏"，真的是无畏吗？其实不然。一个真正热爱生命的人，恰恰是对生老病死有所感悟、有所畏惧的。因为深刻理解了生老病死的真相，他才能对苦难与不幸有更深刻的体会，也才能更加珍惜生命的美好与意义。这种感悟与敬畏，不仅让他更加热爱自己的生命，也让他更加关爱他人。正是因为敬畏，我们才学会克服与超越，并因此而获得一种从容与坦然的态度，这是一个人应有的素养。

我写作这本书，源于两种动机或者说需要：一是如何面对自己的生老病死，二是如何面对他人的生老病死。当我们对生老病死有了理性的认知，便能从容、坦然地面对生死问题。而人同此心，心同此理，我们也能因此而更好地处理与亲人、与他人的生老病死的关系，懂得珍惜彼此所拥有的一切，充分地享受爱与被爱。在漫长的人生岁月中，我们能够生死与共，这便是真正的岁月静好。

所谓的岁月静好，并非指生活中没有风浪、万事顺遂，而是我们能够从容面对人生中的苦难与挑战。为此，我们要学会以"四心"对待生老病死。这"四心"分别是：

一、自然心，即尊重自然规律，顺其自然，接受生命的起伏与变化；

二、平常心，即以平常心看待生老病死，既不逃避，也不过度焦虑，坦然面对生命的每一个阶段；

三、自由心，即学会放下执念，破除对生死的过度执着，来去自如，视死如归，活得洒脱自在；

四、自觉心，即理智面对生死，做好充分的思想准备，做到有准备地告别，既不恐惧，也不遗憾。

我们欣赏鲜花盛放的绚烂，但也应该静待花落的时刻，因为落英缤纷同样是一种美。以这样的态度对待生老病死，生命就是完整的。这是我对各位读者的祝福，也是对我自己的期待。愿我们都能在生命的旅程中，坦然面对一切，珍惜当下，享受爱与美好。

以表吉剑文学，分录人类言归

天喜文化